11 ways to cure your bad money habits and teach you
the most important things in life that leads you to "wealth"

MONEY SENSE

マネーセンス

人生で一番大切なことを教えてくれる、「富」へ導くお金のカルテ11

ブラッド・クロンツ、テッド・クロンツ
吉田 利子 訳

KADOKAWA

This edition is published by arrangement with Sterling Lord Literistic, Inc.
and Tuttle-Mori Agency, Inc.

いくら稼いでも貯まらない人へ

あなたのお金の病気を治し、経済的不安をなくす
11のカルテを贈ります

第1部 大きな嘘

第2部 マネー感覚不全症候群

第3部 マネーのトラウマを克服する

装丁　西垂水 敦(krran)
本文デザイン　沢田幸平(happeace)
DTP　オノ・エーワン
校正　玄冬書林

はじめに

あなたがこの本を読んでみようか、と思ったのはなぜだろう？

お金についてストレスを感じているから？　貯金できないことや浪費癖が心配だから？　経済的に困っているわけではないが、それでもお金の心配をせずにはいられないから？

あるいは、お金の使い方が原因で配偶者とのあいだに溝《みぞ》ができていたり、家族や子どもたちとお金の話がどうしてもうまくできないからかもしれない。

株式投資をしているけれど苦労ばかりだとか、収入と支出のバランスがとれずに困っているせいかもしれない。

そんなあなたに一つお教えしよう。

それはあなただけではない。誰しもお金との関係で悩んでいるし、とんでもなくまちがったマネー感覚をもっている人たちも、あなたが思っているよりはずっと多い。しかも、**みんなが お金の管理については「大嘘」を信じきっている。**

お金の管理についての「大嘘」とは何か？

あなたがお金で困っているのはあなたのせいだ、あなたが怠け者だから、頭がどうかしているから、欲深いから、いや愚《おろ》かだからだ、という非難——それが大嘘なのだ。信じてほしい。そんなことは絶対にない。

わたしたちは長年、お金の問題をかかえたカップルや個人にコンサルティングやコーチング、カウンセリングをしてきた。その経験から学んだことがあるとすれば、**お金にかかわる慢性的で自己破壊的な困った行動は、すべて、無意識の心理的な力によって起こっている、**ということだ。そしてその心理はわたしたちの過去に深く根を張っている。

わたしたちが出会ったいくつかのケースをご紹介しよう。

ブリジット

わたしは二歳のときに養子に出されました。両親は離婚し、母親だけでは五人の子どもを育てることができなかったので、三人を養子に出したのです。

二年間里子として暮らすと、わたしはスーツケースから中身を出さなくなりました。いつなんどきべつの里親のところに移されるかわからなかったからです。

やがて姉の一人を養子にした家族がわたしの居場所をつきとめました。姉の養親がわたしの里親のうちに来た日のことはよく覚えています。赤い自動車でした。それから判事の前で、姉の養親と一緒に暮らしたいと言ったことも覚えています。すごくおとなになった気分でした。判事のデスクの横におかれた大きな木の椅子に座って、何度も何度も身体を回転させていましたっけ。そのときわたしは四歳半でした。

養親はとても愛情豊かでしたが、大きな欠点もありました。養父は陽気でお酒が好きでした。暴力をふるったことは一度もありませんが、でも大酒飲みだったことは確かです。

養母のほうは、いま考えると躁《そう》うつ病だったのではないかと思います。明るかったかと思うと、次の瞬間にはひどく落ちこんで、うちを追いだされるかもしれない、どうお金を工面すればいいかまったくわからないと、わたしたちに嘆くのです。

わたしは幼いながらに、お金がなくなったらどうしよう、わたしか姉か、それとも両方ともどこかへやられるかもしれない、と不安でたまりませんでした。たとえ一緒にいられても、お金がなくてうちも何もかも失ってしまうかもしれませんし。

こんな状況におかれた幼い少女はお金についてどんなことを学ぶだろう？

おとなになったとき、お金についてどう考え、その考えは彼女自身や人間関係にどんな影響を及ぼすだろうか？　お金がなければ捨てられると思い、誰も信じられないし、頼れないと思って育つのではないか。

そのとおり。ブリジットは若いころから働きづめに働いてお金を貯めたが、苦労して貯めたお金を使うことをいっさい拒否した。**彼女にとってはお金だけが安心を意味したのだ。**だが、いくらお金を貯めても、心から安心することはできなかった。彼女はいつも何かが起こるのではないかとびくびくしながら暮らしていた。

ただし、そうならない場合もある。ブリジットの姉はちがった。頼れるのは自分だけだとブリジットが強迫的なまでに思いこんでいたとすれば、姉のほうは受け身で依存的で、自立できる自信がまったくなかった。姉は結局は立ち直ったが、それまで何十年も依存症のホームレスとして暮らした。

このケースからわかるように、同じような環境におかれても、受ける影響は人によってちがってくる。

ポール

わたしの三番目の弟は生まれてすぐに死にました。お産のとき、母は看護師に「何かおかしい！　何か変です！」と言い続けました。母には八回のお産の経験があったので、どうもふつうではないとわかったのです。看護師は医師に連絡しましたが、医師はカントリークラブでゴルフの真っ最中でした。やっと病院に来たときには手遅れで、弟は亡くなりました。

一カ月後、その医師が真新しいサンダーバードでうちにやってきました。父とわたしはちょうど庭に出ていました。医師は車から降りてきて、病院代を払わなければ告訴して刑務所に放りこむぞ、と言いました。でも両親は、この男がゴルフをしていたから弟は死んだと思っていたのです。それで父は医師を突きとばし、「好きなようにするがいい。だが、これ以上病院代を払えとつきまとうなら殺してやる」と言い返し、サンダーバードのドアを開けて、やせて小柄な医師を押しこみ、ドアをバタンと閉めました。それから振り返って、「いいか、よく覚えておけよ。こいつは金だけが大事で、自分が殺した相手なんかなんとも思っちゃいないんだぞ」とわたしに言ったのです。

この父の言葉が忘れられませんでした。わたしは、金持ちは強欲《ごうよく》で、他人のことなどまったく気にかけないと考えて育ったのです。金持ちにとっては金が神様なんだと信じていました。だから金なんか大事ではない、ただ一生懸命に働いて良い仕事をすること、それで認められればいいのだと思いました。

おとなになったポールは、「金だけが大事な人間」だと思われたくなかったので、お金のことを考えようともしなかった。昇給の交渉もできず、将来のための預金や投資もせず、それどころかリラックスして家族と楽しむことすら難しかった。**彼の価値観では「一生懸命に働くこと」だけがたいせつだった。**彼は人助けを職業としていたので、「遊んでいる」ところを絶対に人に見られたくないと感じた。誰かが緊急事態で彼を必要としているかもしれないからだ。

ブリジットやポールのようなトラウマ体験をすれば、その強い影響がいつまでも続くのはよく理解できる。だがこれほど悲劇的な体験でなくても、お金についての考え方や使い方に影響を及ぼす。実際大半の人たちはもっとありふれた経験をとおして、お金にたいする態度を培《つちか》う。**暮らしのなかで影響力をもつおとなたちを観察し、どうしてそんなことをするのかと理由を考えているうちに、マネー感覚ができあがっていく。**

ステファニー　わたしが十二歳のとき、家族はマンハッタンのアッパー・イーストサイドに引っ越しました。それまでは中産階級の住む町にいたのですが、急に世界で最も豊かな場所の一つで暮らすことになったのです。

わたしは特権階級の暮らしを目の当たりにしましたし、うちも似たような暮らしをしていました。広い高級マンションに住み、休暇には外国旅行に出かけました。教育やアート、文化、本に使うお金には不自由しませんでした。

でも、母親はよくお金のことで愚痴《ぐち》っていました。うちは「お金が充分ではない」し、父の「稼ぎが足りず」、「倹約しなければならない」と言うのです。こういう不平や愚痴はいつもわたしにぶつけられました。

あれは一種の経済的な近親相姦だったんじゃないかって、いまになって思います。つまり母はわたしには関係のない、自分や父の金銭問題をさんざん聞かせたのです。わたしはどうしたらよかったんでしょう？　母はまわりの人たちのように素敵な服を買ったり、夏の別荘を手に入れたりできないと文句を言いました。さらに母は精神的に健全でなかったので、日によっては着替えすらしなかったのです。うちのなかは散らかり放題で、わたしは友だちをつれてくることができませんでした。だから、すばらしい高級マンションに住んでいても、わたしはいつも恥ずかしい思いをしていました。

成人後のお金の問題の原因のほとんどは、あのころにお金について矛盾したメッセージを受けとっていたせいではないかと思います。**お金にかんするすべてが、わたしには困惑の種でした。**どうなったら、これで充分だとわかるのか？　何にならお金を使ってもよくて、何にはいけないのか？　立派な高級マンションの外見と悲惨なうちのなか、どっちが現実なんだろう？

わたしはお金にかんすることはすべて無視したいと思って育ち、おとなになりました。結婚するとお金のことはすべて夫に任せました。お金についてはいっさい尋ねたことがありません。何も知りたくなかったんです。夫に考えを聞かれても、わたしは言葉をはぐらかしました。

子ども時代の困惑と恥ずかしさのせいで、ステファニーは受け身なおとなになった。結婚した男性は金銭も暮らしもすべてコントロールし、妻には家庭にいて子どもたちを育て、会社で出世する夫を支えることを期待した。そんな安らかな生き方に満足したステファニーは幸せだ

った。だが夫が離婚すると言いだし、一文無しで取り残されて、状況は一変する。

すべては順調でしたが、ある日、帰宅した夫が離婚したいと言いだしたのです。彼はわたしの経済的な無知につけこみました。お金を無駄に使わないほうがいい、彼の弁護士がふたりのために細かいことをすべて処理してくれると言いました。離婚したいと言いだす何カ月か前から、わたしたちの資産の大部分を新しい恋人のほうへ移していたと知ったのは、それから何年もたってからでした。わたしたちは堅実な中産階級の暮らしをしていたのに、離婚が成立したときには、分与すべき財産は何も残っていませんでした。わたしは一文無しで家から追いだされ、車で寝起きしなければならず、何の力もなく、すっかり打ちのめされてしまいました。すべて失ったのです。仕事もなければ、職業訓練を受けたこともない。ゼロから人生を築きなおすのに十七年かかりました。

ルイス

わたしはお金を持ち歩く習慣がなくて、財布にはいつも一ドルくらいしか入っていませんでした。父が裕福だったし、小さな町に住んでいたので、どこでも好きなところでほしいものを手に入れれば、あとは母がお店に代金を払ってくれたのです。

実際、お金にはほとんど触れたこともありませんでした。大学のとき、口座の残高不足の知らせが来たことがあります。うちに電話してどういうことか尋ねると、母は心配しなくていいと答えました。父が銀行の共同所有者の一人で、残高が不足すると自動的に入金されていたのです。まるで魔法のようでした。そのかわり、わたしは自分で決断することがありませんでした。運転する車も父が選んだし、進学する大学も父が決める。すべてその調子でした。

要するにわたしは貧しい農村地帯のまんなかで特権的な育ち方をしたのです。それがわたしには恥ずかしかったし、のけ者になった気分で、罪悪感がありました。それにお金にかんする情報から隔絶《かくぜつ》されて、お金の働きを知らずに育ち、しかも大学に進学するときでさえ自分で決断しなかった……そういうことからわたしが学びとったのは、お金はパワーだ、だがそのパワーは必ずしも自分が望むパワーではない、ということでした。それなのに、後年気づいてみれば、わたしは自分の子どもたちにたいして同じパワーをふるおうとしていたのです。

ルイスはお金を使って娘の結婚を阻止《そし》した。娘にはふさわしくない相手だと思ったので、結婚式の費用をいっさい出してやらない、と言ったのだ。また、もう一人の娘が家を離れてニューヨークで自立したいと言いだしたときには、経済的な支援を断つことで阻止しようとした。息子には、自分が選んだ大学に進学しなければ、授業料その他の費用を出さないと言った。

子どもたちが成人するとルイスは金を与えたが、いつでもひも付きだった。金を通して子どもたちをコントロールしようとしただけでなく、経済的に甘やかした。子どもたちはパパのお金をあてにするようになり、その金につけられるさまざまな条件に縛られることになった。

ルイスの物語は、当人にそのつもりはなくても、**お金にかんするシナリオや行動が世代から世代へ受け継がれる**ことを示している。彼はお金を通して父親にコントロールされて恨んでいたのに、自分の子どもとのあいだで同じ関係を再現したのだった。

アリソン

わたしがもうすぐ七歳というとき、母は再婚しました。それ以来、母と継父はいつも「クビがまわらなくなりそうな」状態でした。あからさまに家計の話をするわけではないのですが、しょっちゅう「お金は木になっているわけじゃないのよ」とか「今度大きな出費があったら、大変なことになる」と言われました。

当時はわかりませんでしたが、母には深刻な浪費の問題がありました。いつでもお金がない、お金がないと言っているくせに、発作的に買い物に出かけて服だのアンティークだのを買いまくるのです。わたしはいつも気をつけて、母が買い物に出かけるのを待ちかまえていました。一緒に行けば、何か買ってもらえるからです。

継父のほうは「見て見ぬふり」を決めこみ、うちの経済事情には無関心で、ただ争いたくないばかりに、どんな突拍子もないことにも賛成していました。どっちも、あまり良いメッセージではありませんでした。

両親の態度が矛盾していて、一方がいつもお金が足りないと言いながら壊れたように浪費し、もう一方の親が何も問題ないという態度をとっていたら、子どもはすごく混乱します。それで、わたしはお金についてはっきりした考えをもてないまま、おとなになりました。いつでも**「お金なんてたいしたことはない。でも、足りなくなったら大変だ」**と考えていたのです。お金を活かすとか、適切に管理するということが、どうしても理解できませんでした。

お金にかんするアリソンの混乱は何年も続いた。おとなになったアリソンは、両親から自立するのに必要なお金を稼ぐために一心に働いたが、苦労して稼いだお金をあっさり使ってしまった。無意識のうちに、お金から不安や危機を連想してしまう。それで**少しお金がたまると不安が大きくなり、その不安を解消しようとして預金を使い果たしてほっとする。**そのためにリゾートで休暇を過ごしたり、必要もない家具を買ったり、二十人もの人たちを高級レストランに招待してディナーをご馳走したりした。彼女はそこそこの給料をもらっていたが、毎月の給料日までいつも綱渡りのような生活だった。

ここまで、わたしたちが**「マネー感覚の火種」**と呼ぶシナリオを五つご紹介した。「マネー感覚の火種」とは、**成人後まで消えない強烈な印象を与えた、お金にかんする子どものころの**

体験（あるいは体験の積み重ね）である。

このなかには、ああ、自分にも心当たりがあると思われたシナリオが一つ二つ、あったのではないだろうか。あるいは、ここにはなかったかもしれない。しかし誰でも多かれ少なかれ、似たような体験をしている。成人後の金銭問題の導火線になるような、ドラマチックな、あるいはトラウマになる子ども時代の体験だ。

いまあげた例でおわかりと思うが、ポールやブリジットのように悲痛で痛ましい体験がマネー感覚の火種になることもある。一方、ステファニーやルイス、アリソンのように、ごく日常的な、あまりドラマチックでない体験でも、やはり同じように強い印象を与える。

わたしたちはまわりのおとなからじわじわと教訓を受けとって積み重ねていく。そしてその教訓は、多くの場合、当のおとなたちが教えている「つもり」のこととはまったくちがう。クライアントを見ているとわかるが、マネー感覚の火種の影響がいつまでも尾を引くかどうかは、出来事そのものや、成人後に振り返ったときの解釈とはあまり関係がない。そうではなく、**重要なのは何もわからない子どものころの解釈なのだ。**不可解で矛盾していて、ときには恐ろしいものでもあるおとなの世界をなんとかして知ろう、どういう理屈で動いているのかを理解しようという、子どもながらの努力から生まれる解釈である。

この子ども時代の解釈をもとに、わたしたちは「マネーのシナリオ」をつくりあげ、成人後

はそのシナリオに沿ってお金について考え、お金とつきあう。

解釈が正しくて合理的かどうかは、あまり関係がない。マネーのシナリオがもつパワーの源は、そのときその場の子どもにとって「それで納得できた」という事実にある。そして元の出来事や体験の積み重ねが根深いものであればあるだけ、マネーのシナリオは強固に組みこまれて、わたしたちは柔軟性を失い、その後の変化に対応できなくなる。

ここに問題がある。マネーのシナリオが成立したときには役立ったとしても、生涯そのシナリオのままに行動していると、破壊的な影響が出る恐れがあるのだ。**マネーのシナリオは無意識のなかに隠れて作用することが多いので、わたしたちは知らないうちに振りまわされてしまう。**そのシナリオから解放されるためには、まずどんなシナリオがあって、その元は何なのかを見定め、シナリオができたときからひきずってきた「未解決の問題」を片づけなくてはならない。そのうえで、お金についての新しい考え方や行動の仕方、扱い方を学ぶ必要がある。そうして初めて、目の前の課題に適切に対応できるようになるのだ。

■ わかっているのに実行できない

では、この本はどんな役に立つのか？　お金の管理についてのアドバイスやこつを伝授することはない。お金の問題の原因は複雑な資産管理がわかっていないことにあると考えて、たくさん情報を集め、予算や投資のこつや戦略をもっと知れば解決すると誤解している人が多い。一部の人たちにはそれでいいかもしれない。だが大半の人たちにとっては、情報が足りないことが問題なのではない。健全な資産管理の基本はじつはとてもシンプルだし、もっとお金を貯めなさいとか支出を減らしなさいという助言を繰り返してもあまり助けにはならない。

あなたが多くの人たちと同じように、**どうすべきかはわかっているのにそのとおりに行動できないとしたら、問題は知識の不足ではない。**それどころか情報や助言が増えると、特定の方向に進むように「圧力を受けている」と感じて自己嫌悪に陥り、逆にネガティブな行動が定着してしまう恐れがある。「わかっているのに、どうしてできないんだろう」と思うときには、たいてい「わたしが悪いにちがいない」という結論になる。自己嫌悪に陥れば、ためらいや迷いが強くなって、ますます抵抗したくなる。

考えてみてほしい。何百冊もの本があり、何千もの新聞や雑誌の記事があり、数限りないテレビ番組、映画、インフォマーシャル、ラジオのトークショーがそのときどきに脚光を浴びている資産管理について教えているのに、それでも何百万人もの人たちが自分の経済状況や資産管理を改善できずにいるではないか。

リスクがわかっていないとか、緊急時にたいする備えがないなどと説教したり、予算をたてなさいとか、どれくらい預金しなさいと勧めるのは、脳腫瘍をアスピリンで治療するようなものだ。症状は軽減するかもしれないが、病気そのものを無視している。

経済的なアドバイスだけでは、破壊的な行動を変えることはできない。だからその**自己破壊的、自滅的な行動の根本にある原因を探る手助けをしたいと思う。**そのあとで、自分とお金の関係を正直に認めて、経済生活をコントロールし、変えていく方法をお教えしよう。

第一に、マネー感覚の火種の元を究明する。お金にかんする「そうだったのか！」という発見、あるいは影響の発生源が重要なのだ。

いちばんわかりやすいのは家庭だろう。わたしたちは子どものころ、自分に近い人たちから与えられる意図的なメッセージや無意識のメッセージにもとづいて、まわりの世界のことを考えたり想定したりした。まわりのおとなたちのお金とのつきあい方を見て、その情報を自分のなかに取りこむと、それがわたしたちのなかに刻みこまれる。感じやすい年頃であればなおさらだろう。やがて家庭から離れると、経済的な出来事（地元の産業の衰退や、経済的バブルと不況など）の影響や、文化的（メディア、教育、宗教、人種、ジェンダー、階級など）な影響を受けるようになる。

次にマネーのシナリオを検討する。一人ひとりがマネー感覚の火種を元につくりあげてきたお金にかんする想定や信念（お金は何を意味するのか、どう作用するのか）だ。

それから**マネーのシナリオから生まれる不健全な行動——マネー感覚不全症候群：マネー・ディスオーダー——を取り上げる。**そこで、みなさんは自分自身のマネーのシナリオ（と未解決の問題）や、その原因、それから自分の経済生活に及んでいる悪影響に気づくだろう。

■恥ずかしがらないで

このあたりで、マネー・ディスオーダー（お金にかんする障害）という言葉は極端ではないか、それどころかちょっと脅迫的ではないか、と思っておられるかもしれない。たしかにマネー・ディスオーダーは極端な反応だし、当然、極端な行動を引き起こす。それでも、マネー・ディスオーダーが蔓延《まんえん》していて、ある意味で誰もが経験する問題だという事実は変わらない。

わたしたちの経験では、経済的な病理はだいたい次の三つのタイプのどれかにあてはまる。**育ってきたなかで、家庭内、もしくはもっと広い文化のなかで目の当たりにした破壊的な行動のパターンを繰り返す**のが一つ。それから**過去の経験や影響を回避しようとして、逆の極端なパターンに走る**のが一つ。そしてもう一つは、まんなかという選択肢を素通りして、**極端から極端へと行ったり来たりして、不健全な「振り子」になってしまう**ものだ。どのパターンでも、結果として**アンバランスで破壊的なお金との関係ができあがる。**

さらに、お金と健全な関係を保てない自分を恥ずかしいと思う人が多いことが、問題をややこしくする。クライアントと話すと、大勢の人たちが自分の過去の行動を恥ずかしがる。「穴があったら入りたい」とか「ほんとに自分が恥ずかしい」と。

自分を恥ずかしいと思うと、自分はダメな人間だ、無能だと感じて、身動きがとれなくなる。自分の決断がまちがっていたと考えるのではなく、自分がダメなんだと信じこむ。恥ずかしさは、ヨットを帆走《はんそう》させる風を消してしまう。どうせダメだとあきらめたくなる。自分がダメな人間だと思えば、問題のある行動を改めようとは考えないし、それどころか変わろうとする努力を無意識がじゃまするだろう。悪循環にはまりこんで堂々めぐりをするか、後退するか、身動きできなくなる。

だが、そんな悪循環の犠牲になる必要はない。自由への第一歩は、**お金にかんする問題行動は、自分が悪人だとかダメな人間だとか、どこかが「壊れている」から起こるのではない、**と気づくことだ。

それはわたしたちの体験から生まれた、当然の結果でしかない。いまの自分がどんな人間か、何を教えられて育ったか、生き延びるために何を学んできたかを思えば、わたしたちの信念や行動は筋が通っている。自分は長所も欠点もあるただの人間だと気づけば、自分のマネー・ディスオーダーも、その底にある考え方も正直に見つめられるし、成長と変化を目指して前進することができる。そう、わたしたちの目標は完璧になることではなく、前進することなのだ。

■ **心を変えれば行動が変わる**

行動を変える前に、まずすべてが始まる場所に目を向けなくてはならない。心と心のシステムである。

世界を解釈し世界に反応する心のシステムは不可解で、ときに矛盾して見える。また、感情と思考と行動がどうからみあっているか、それが経済的な決断にどう影響するかについては、神経学的な研究や行動研究によって驚くべき情報が明らかになってきている。とくに脳がトラウマ体験をどう処理するか、その結果としてどんな生理的、感情的、行動的影響が出るかを見ていこう。

マネー感覚の火種はふつうの意味でのトラウマ体験とは限らないが、しかし強烈で、強い感情を引き起こす。トラウマの生物学的、神経学的な影響を理解することは、マネー感覚の火種がわたしたちの思考パターンや行動に及ぼす影響を理解するのに役立つだろう。

この本では、お金にかんする未解決の問題を片づけて自分を癒《いや》し、生活を変えて、お金と安らかな関係を築いた人たちをご紹介していく。

わたしたちの**いちばん重要なメッセージは「変化は可能」だ、ということである。**それどころか、思考と感情の障害を取り除いて、うわべを覆っている層をはがし、わたしたちを動かしている真の力をしっかりと見据えれば、必ず変化が起こる。

　この本の事例を読んでいくうちに、ああ自分と同じだ、よく似ているというケースときっと出会うだろう。経済的な苦しみから安らぎと繁栄へと変化した実例を知れば、みなさんも希望と可能性を感じるはずだ。

第 1 部

大きな嘘

言葉の処方箋①

心と経済状態をもっと健やかにしたいと思ったら、解決策はもっとたくさんのお金を稼ぐことではなく、お金ともっと健全な良い関係を築くこと

ややこしい感情を直視して解きほぐし、お金にかんするストレスの元にある未解決の問題を片づければ、心も経済状態もはるかに健全になって、将来のストレスやトラウマ体験も上手に乗り越えられる。

言葉の処方箋②

自己破壊的な
行動を変えるための第一歩は、
思考を変えることにある

思考を変えれば、目的に沿った人生を意識的に築くことが可能になる。

1 お金は最大のストレス要因

健全な経済生活の基本はそう複雑ではないし、誰にとっても、財産のレベルがどれくらいであっても、ほとんど同じだ。それどころか個人でも、会社でも、国でも変わらない。**お金を貯めて、未来のために投資する。暮らしを楽しみ、目標を実現するためにそれなりの額のお金を使うが、しかし稼ぐ以上に支出してはいけない。うますぎる投資話には気をつけること。**

ずいぶんシンプルだ。そうではないか？　それならなぜ、このルールどおりにできない人が多いのだろう。

現在、いろいろな調査を見ても、**わたしたちの生活の最大のストレス要因はお金だ、**ということで一致している。AP通信とAOL（アメリカ・オンライン）が二〇〇八年六月に発表した世論調査によれば、千六百万人ものアメリカ人が多額の債務とそれに伴う体調不良に苦しんでいるという。この数字は二〇〇四年の同様の調査に比べて一四パーセント増加した。

二〇〇八年十月、アメリカ心理学会がストレスにかんする年次調査を発表したが、この調査でわかったアメリカ人のストレスの最大原因が何だったか、想像がつくだろうか？　なんと八〇パーセントまでがお金、そして経済をあげていた。

これはいまに始まったことではない。アメリカ心理学会の調査によれば、時代を通じて、好景気のときにも不況のときにも、大半の――七〇パーセントを超える――アメリカ人にとって最大のストレス要因はお金で、仕事や健康や子どもよりも上にランク付けられてきたのだ。

■収入が増えれば解決する？

お金は不可欠ではあるものの、多ければ自動的に問題が解消したりストレスがなくなるわけではない。実際多くの調査では、平均以上の収入があるアメリカ人の場合、**お金と幸福には意外にも相関関係は見られない。**

心理学者のダニエル・ギルバートは著書『幸せはいつもちょっと先にある――期待と妄想の心理学』のなかで、こう言っている。「年収が五万ドルのアメリカ人は年収一万ドルのアメリカ人よりもずっと幸せだが、年収が五百万ドルのアメリカ人が十万ドルのアメリカ人よりもずっと幸せかといえば、そうとは限らない」

これは心理学者のエド・ディーナー博士とマーティン・セリグマン博士の研究結果とも一致

する。二人は富と幸福にかんする百五十以上の研究を分析し、**人の幸福のレベルを決める要因として、個人的なつながりや仕事の達成感などよりも、お金は重要性が低い**という結論を出している。

わたしたちの暮らしの最大のストレス要因はお金だが、(極貧というレベルでない限り) お金を増やしても問題は解決しないのなら、解決策はどこにあるのだろう?

心と経済状態をもっと健やかにしたいと思ったら、**解決策はもっとたくさんのお金を稼ぐことではなく、お金ともっと健全な良い関係を築くことなのだ。**ややこしい感情を直視して解きほぐし、お金にかんするストレスの元にある未解決の問題を片づければ、心も経済状態もはるかに健全になって、将来のストレスやトラウマ体験も上手に乗り越えられる。

わたしたちの知り合いのファイナンシャル・プランナーも、そのことを経験から学んだ。

スチュワート　わたしの人生は不安に振りまわされていたと気づきました。そしていま、その不安から解放されて、とても穏やかな気持ちでいます。わたしの金融資産は五〇パーセントくらいも減少しているでしょうが、だからといって一年前に比べてわたし自身が五〇パーセント小さくなったわけではありません。それどころか大きくなった――もっと広やかに、安らかになり、感謝の気持ちをもてるようになった、と感じています。**生まれて初めて、自分のほんとうの価値はもっている金融資産の価値とはあまり関係ないのだと心の底**

から実感できるようになりました。だから、まずいことになっても以前より平気でいられます。自分にはまだ仕事があるし、正しい方向に進んでいるとわかるからです。

スチュワートはあっさりとこの境地に到達したわけではない。わたしたちが出会ったなかには、そんな人は誰もいなかった。たいていは長いあいだ、変化できない自分と闘ってきた。過去の不愉快な現実に直面して、正しい生産的な方向に足を踏みだしたあとでさえ、以前の不健全な考え方や行動がよみがえってくることがある。それでも、その人たちは立ち止まり、修正して、前に進むスキルを身につけてきた。

■なぜ変わることがこれほど難しいのか

自分が変わる必要があるとわかっても変われないとき、わたしたちはよく自虐的な気分になって、それでなくても大きな感情的な負担をますます重くして、ストレスを増大させてしまう。
「どうして予算どおりにできないんだ？　なんでこうだらしがないんだ！」
「退職後のために預金しなくてはいけないのはわかっているが、実行できない。どうしてこんなに愚かなんだろう？」

自分で自分を責めなくても、トークショーの司会者が同じようなことを叫んでいて、しかもその対象はあなたと同じような人たちだったりする。非難するのが自分であっても他人であっても、激しく非難されればますますいやな気分になり、変わろうという意欲が低下する。「どうせ負け組さ、どうでもいいじゃないか」

じつは、あなたは愚かでもなければ、怠け者でもない。あなたのような生まれと育ち方をし、同じようなことを見聞きして体験した人なら当然とる行動をとっているだけなのだ！　だから、恥ずかしさなんか捨てたほうがいい。それに、自分を責めなくてもよろしい。そんなことをしても、ますます屈辱の悪循環にはまりこむだけで、何の役にも立ちはしない。

役に立つのは、問題のほんとうの原因をつきとめることだ。**どうしていまのような自分になったのかがよく理解できれば、きっと納得がいくだろう。**お金にかんする行動を変えるのが難しいのには、深く根を下ろした複雑な、適応という面からすれば正当な理由がある。それを理解し、それに取り組むことができれば、どうすれば目前の障害を克服できるかもわかるはずだ。

■では、どうするか？

どんな問題でも、第一歩は、問題があると認識することだ。

じつはわたしたちは変化に強く抵抗する。だからこそ、**自滅的な行動の元にあるマネーのシナリオを書き換えない限り、同じ行動を何度でも繰り返す危険がある。**

死を危うく免れるという劇的な経験をしても、生き方を改善しようという気にはなかなかなれないらしい。心臓発作を起こし、胸骨を切り開いてまた縫い合わせるという大変な体験をしても、そうなのである。それなら、金融危機や不況を経験したからといって、お金との関係が簡単に変わるはずがないではないか？

そう、そんなはずはない。簡単に変わることなどあり得ない。変わることは可能だが、それにはお金との関係をしっかりと見直す必要がある。この基本的な作業を怠れば、脳はいちばん抵抗の少ない道を突っ走るだろう。ご先祖様が生き延びるのに役立った行動パターンに逆戻りするのだ。

わたしたちの脳のうち有史以前の部分は環境が変わったことを知らず、古い考え方や行動はもう役に立たないことに気づいていない。ご先祖がジャングルやサバンナで生き延びるのに役立ったメカニズムが、いまではわたしたちをつまずかせてしまうことを理解していない。同じように、過去の体験から引き出したお金についての結論、若いころに世界を理解する手がかりとなった信念が、おとなになってからの健全な経済生活を妨げることも知らない。だがわたしたちはそれを知ることができるし、理解できる。だからこそ、有史以前の脳を訓練しなおして、まちがいの再発を防がなくてはならないのだ。

本気で変わろうと思うには、何が必要なのだろうか？

2 あなたの動物の脳を手なずけよう

小さな檻《おり》のような囲いに、三種類の生き物が棲《す》んでいると想像してみよう。ワニとサル、それに科学者である。三者は仲良く暮らせるだろうか？　協力したり話し合ったりできるのか？　そもそも、同じ囲いのなかで一緒に生き延びることができるだろうか？

まさかとお思いかもしれないが、じつはこれは日々、わたしたちの頭のなかで起こっていることだ。脳は外界にたいしてまったくちがった反応をする三つの部分が組み合わされてできている。人間としてうまく機能するには、この三つのシステム全部の反応の調整がとれていなければならない。つまり、科学者とサルとワニが協力する必要がある。

そして驚いたことに、ほとんどの場合はちゃんと協力しているのだ。**ワニ――脳の最も原始的な部分――は起こり得る脅威に関心を集中している。サル――脳の感情の中枢――は探求し調査するのに忙しく、科学者――理性の担当者――は入ってくる情報を観察し、分析する。**この三者が協力すると、単独では想像もできないような驚異的なことが可能になる。だが何か恐ろしいことが起こったとき、どれが主導権をとるかは明確に決まっている。それは、実験用の白衣を着てクリップボードをもっている者ではない。大変なストレスがかかったときには、すべては原始に還《かえ》る。

この脳の機能モデルは、わたしたちの精神的健康と経済的な健全さにとって、じつに深い意味をもっている。どうして自分のためにならないとわかっていて、自滅的で制約のある行動をとり続けるのかも、このモデルから説明できる。**お金にかんする限り、多くの場合は衝動や感情――科学者ではなくて、わたしたちのなかにいるワニとサル――がショーを取り仕切っているからなのだ。**

単純化して説明しよう。爬虫類《はちゅう》の脳（ワニ）と感情の脳（サル）は一緒になって、原始的な衝動や感情的反応を生みだすことが多い。それで、この二つを「動物の脳」と呼ぶことにする。新皮質（科学者）は「理性の脳」である。

たいていは、動物の脳と理性の脳はとくに努力もせずにスムーズに協力して活動している。動物の脳は何億年ものあいだ試練にさらされて磨き上げられてきたのにたいして、理性の脳はご先祖様が比較的新しく――せいぜい二百万年たらず前から――進化させたものらしい。二つを比べると動物の脳のほうが迅速だし、パワフルだ。それに独自の回路をもっていて、思考する脳とは独立して機能することができる。動物の脳から理性の脳につながる神経は、逆方向の神経の五倍以上も多い。これは脳の意識的で理性的な部分が処理すべき材料は大量にあるが、脳のほかの部分にたいする影響力は比較的小さくて、反応も遅いことを意味している。

そのために、不安のレベルが急上昇すると、つまりひどく驚いたり、予想しなかったことにぶつかると、動物の脳は存在を脅かされていると判断し、理性の脳との協力関係が崩れ去る。理性の脳はたちまち締めだされ、鍵がかかったドアの外で立ち往生してしまう。**科学者は意思決定プロセスからはずされ、ワニとサルが主導権を握る。**緊急事態をあとから振り返って、「どうしてこう言わなかったんだろう」とか、「どうしてあんなことを言ってしまったんだろう」と思ったことがたぶんおありだろう。**それは動物の脳がその場を仕切って、次の三つの反応のどれかが起こったせいだ。**

■闘うか、逃げるか、フリーズするか

闘う：まず怒りや非難で反応する人たちがいる。問題にたいする責任をとるのを避けたいという無意識の思いから、他人を非難するのだ。株式投資についてまちがった助言をした伯父さんが悪い、貸付をした銀行が強欲だからだ、あの政党が悪い、空売りした人たちがいけない等々。闘いモードになった人のなかには、ファイナンシャル・プランナーに電話して文句を言ったり、訴えると脅す人もいるし、配偶者や子どもたちが浪費するから悪いと非難する人もいる。

このような反応では問題を解決できないだけでなく、人間関係を破壊して、さらに対立やストレスを大きくしてしまう。

怒りを自分に向け、激しい自責の念にかられる人たちもいる。他人への怒りと同じで、これも不安から逃れたい気持ちから生じている。

逃げる：もう一つの反応は、ストレスの原因からできるだけ遠くへ逃げることだ。たとえば問題が投資の失敗だとすると、すべての資金を引き上げて、まったく別の方向へ走る。

過去にも例がないわけではない。大恐慌の際には多くの金持ちが恐怖にかられて都会から逃げだし、田舎の別荘に缶詰を蓄えて立てこもった。なかには家のひさしにマシンガンを設置して、やってくるはずのない脅威から家族と財産を守ろうとした人たちもいた。

フリーズする：もう一つ、圧倒されて何の行動もとれなくなるという反応もよく見られる。こういう人たちは問題を否認し（第2部で説明する障害の一つ）、フリーズしてしまう。動物の世界にたとえれば、「死んだふり」をするようなものだ。

自分の経済状況について考えるのを避けて、投資レポートや銀行口座の残高さえ見なくなる。ニュースにも目を向けず、ファイナンシャル・アドバイザーの言葉を無視し続ける。

この人たちは投資で大損するとか、家を差し押さえられるなどの破局的な出来事に見舞われてどうしても動かざるを得なくなるまで、フリーズしていることが多い。そして危機をなんとかしのぐと、またフリーズしてしまう。

自分が経済的に闘う／逃げる／フリーズするという反応をしていると気づいたら、どうすればいいのだろう？　気持ちを落ち着けて、もっと合理的な優れた判断をするためには、次のようなシンプルな四つのステップを踏んでいけばいい。

第一ステップ：不安や興奮のせいで激しい感情に振りまわされているときには不合理な行動をしがちだと認識すること。そういう状態で決断をすると、ほぼまちがいなくまずいことになる、と自分に言い聞かせよう。

第二ステップ：何度か深呼吸する。ばかばかしく聞こえるかもしれないが、深呼吸は効果がある。強いストレスや怒りを感じると、自動的に呼吸が浅く、速くなる。ここで深呼吸すると、リラックスするのに役立つ。呼吸するたびに、「リラックスしよう」とか「気を楽にしよう」と自分に言い聞かせるといい。これで理性的な心が活動を始め、意思決定プロセスから締めだされずにすむ。

第三ステップ：自分の思考が正しいかどうかチェックする。思いついたことが真実だとは限らない。その想定には根拠があるだろうか？　逆の証拠は？　もっと良い説明はないか？　最悪の場合、どうなるだろう？　それに耐えられるか？　いちばん現実的なシナリオは？　友だちか恋人が同じ状況におかれて同じ行動をとろうとしていたら、どんなアドバイスをするだろう？

第四ステップ：急いで決断してはいけない。感情的な反応と行動のあいだにある程度の時間をおくこと。悩み苦しんでいるときには、**考えを落ち着かせて動物の脳を鎮《しず》め、理性の脳を復帰させるのに、だいたい二十分くらいはかかる。**そのあとでも感情に動かされがちだから、大きな決断をする前に金融のプロの助言を求めることも考えたほうがいいだろう。

闘うか逃げるかフリーズするという反応は、進化のなかでは適応的だった。有史以前のご先祖様が生き延びるために時間をかけて進化させてきたもので、いまでも生命の危機に瀕《ひん》したときには不可欠の反応でもある。

だが日常的なストレス原因に対応するうえでは、この反応はあまり役立たない。それどころか、非生産的な場合もある。動物の脳はそれを知らないから、わずかな苛立《いらだ》ちにぶつかっても——車で走っていて割りこまれたとか、パートナーや配偶者と口論した、ATMの料金が意外に高かったなど——大きな脅威と感じてしまう。もともとストレスが大きい状態だったりすると、とくにそうだ。

つまり、理性的に考えれば望ましくないときでも、わたしたちは過剰反応する傾向がある。しかし感情の脳を訓練すれば、サバイバル反応を抑えることを学べる。健全な経済状態を維持できるかどうかは、その訓練ができるかどうかにかかっている。

この訓練の原則を経済的なストレスに応用するには、どうすればいいのか？

野球選手は顔面めがけて飛んでくる打球に一定のやり方で対応するために訓練する。同じように、個人的もしくは世界的な事件にたいする感情的反応をコントロールする訓練も可能だ。経済的にストレスの高い状況を予想できるように訓練しておけば、理性の脳は余裕をもって感情の脳をコントロールすることができるだろう。言い換えれば、動物の脳が決断をハイジャックしようとしているな、と訓練によって気づくことができれば、動物の脳を手なずけられる。

わたしたちがまずクライアントに勧めるのは、**毎日数分間瞑想《めいそう》して、身体に意識を集中し、身体の言葉を聞きとることだ。**生理的な信号、とりわけストレスが高くなりかかっているという信号を読みとる能力は、理性の脳を乗っとられるのを防ぐために欠かせない。

スタン　自分の感情や身体とマネーにかんする行動には関係があるという考え方、これは意外でした。でもこれからは、**腹部が緊張すれば、あ、恐れているなとわかります。**それにたいていの場合は、また以前の行動を繰り返しそうだという最初のサインなので、なぜそんなに不安になっているのかと振り返ることができます。不安を解消するためにすぐに動きたい衝動にかられても、それは行動するには最悪のタイミングなんだということもわかりました。

スタンの例は、**わたしたちが心配や不安を意識するずっと前に、身体が感じとっている**ことを示している。スタンは感情のガイド・システムを使って古い自滅的な思考パターンをつきとめ、合理的で意識的な考え方をすることを学んだ。

また思考がハイジャックされないようにする訓練は、実際に思考をハイジャックされたあとに、その状況を振り返って観察して学ぶことから始まる、ということも教えてくれる。

惨憺《さんたん》たる結果に終わったマネー状況を考えてみよう。たとえば買い物に出かけて予想外のお金を使ってしまった場合。すべてを忘れてしまいたいのはやまやまでも、落ち着いて真剣に細かく考えてみよう。

ショッピングに出かけるとき、どんな気分だったか？　買いたいものの心づもりがあったのか、それとも衝動的に出かけたのか？　目的があったのなら、どうしてほかの品物に目を向けて買ってしまったのだろう？

それぞれの時点での自分の考えと感情を思い出そう。事件を捜査している刑事になったつもりで、自分の行動のきっかけや動機をさかのぼって調べるのだ。どこで自制心を失ってお金を使いだしたのか？　そのときはどんな気分だったか？

激しい感情があると、理性の脳は圧倒されてしまう。洪水のようなものだ。自分の過ちや失敗を恥ずかしがったり批判したりせずに穏やかに分析してみると、感情の洪水が押しよせたときにはどんな感じがするか、だんだんわかってくる。

波が来るなと思ったら、数回深呼吸しよう。大きく深い腹式呼吸を繰り返す。それから行動する前に百まで五回数えるとか、アルファベットを暗唱する、お気に入りのポピュラーソングを歌ってみる――もちろん、こっそりと一人で。こうやって衝動と行動のあいだに時間をおくと、洪水が引いて理性の脳が復活することが多い。

それから、できれば行動する前に他人に助言してもらったほうがいい。これは人間関係の重要なスキルだ。これについては、もう少しあとで詳しく説明する。

この国ではトップクラスのファイナンシャル・プランナーの多くが、自分でもファイナンシャル・プランナーと契約していると聞いたら驚くかもしれない。じつは、いくら専門的な能力をもっていても、感情的になってしまうと理性的に行動するのは難しい。**誰でも感情の洪水に理性の脳が流される可能性がある。**

また、あせって行動したがる感情の脳にたいして、前もって理性の脳の反論を考えておくのもいい。誰でも議論にたいする完璧な答えを思いついた経験があるだろう――ただし一時間遅かったが、という場合だ。そんなときは苛立たしいが、こういう後知恵はとても役に立つ。

洪水がやってきそうだ、という状況を考えてみよう。理性の脳は何と言うだろうか？　その言葉を何度も何度も繰り返しておくと、次に洪水の恐れが生じたときにすぐに対応できる。

たとえば仕事がうまくいかなかった日（不安や怒りを覚えた日）には、つい「自分に気前がよくなって」衝動的にばか高い買い物をしてしまうと気づいたとする。この場合は、反論はこんなふうになるだろう。「これを買いたいと思うのは上司に腹が立っているからで、落ち着いたらきっと後悔する。だからいまは買わないでおこう。明日になってもまだほしいなら、そのときに買えばいい」あるいは「いまは逆上している。逆上しているときの決断は信用できない。だからショッピングリストにあるものだけを買って帰ろう」。

大事なのは、洪水のきっかけになる状況――場面や感情や人々――を予想して、抵抗する準備を整えておくことだ。

自分の思考を訓練する方法はたくさんある。あるファイナンシャル・プランナーは標準的な投資リターンの変動には驚かないように、クライアントを「訓練」することにしている。その範囲がどの程度かは、それぞれの投資ポートフォリオがアグレッシブなものか保守的なものかでちがうだろう。

ポートフォリオを見直したあと、彼はこんなふうに言う、「これなら、今後一年間にxパーセントの値上がり、あるいはyパーセントの値下がりがあると予想してください。ごく通常の変動幅です」。そして楽観的な予測だけでなく、「値下がり」の部分にもしっかりと関心を向けてもらう。

株式市場の投資家全員と同じく彼のクライアントも金融危機で大きな損失を出したが、誰もパニックにならなかったし、あわてて行動した者もいなかった。**利益だけでなく損失も予想するように、感情の脳がしっかりと訓練されていたからである。**

■左脳はまちがった説明をする

健全なマネー感覚を阻《はば》む障害の一つが、合理的な判断をじゃましがちな動物の脳であることは明らかだ。だが脳にはもう一つ、驚くべき障害がある。脳は物事を正確に解釈して説明することがあまり上手ではない。それどころか、ふつうに信じられているのとは逆に、**わたしたちは自分の選択や行動がどこから生じているのか、よくわかっていない。**

わたしたちの脳は――とくに左脳は――つねに秩序と理由を探り、出来事の意味を発見しようとするため、ときに関係のない出来事どうしを関連づけてしまう。**過剰に一般化し、誤った解釈をし、真実とは反対の過去をでっちあげることすらあるのだ。**マネー感覚の火種となる経験から、多くの人が不合理で非生産的な、そして自滅的な教訓を引き出すのはそのせいだ。

わたしたちはこんなふうに考える。「最初の投資で損をした。だから二度と投資はしないほうがいい」あるいは「わたしの両親はしょっちゅうお金のことで喧嘩《けんか》していて、結局離婚した。だから離婚したくなければ、配偶者とお金の話はしないことだ」。

こういうシナリオは信じられないほど根強い。いったん説明のメカニズムから語りが生まれると、いくらとんでもないシナリオであっても、ちょっとやそっとの努力ではそのストーリーを変えることはできない。そのストーリーは動物の脳に根を下ろしており、検討や熟慮を経てつくられたものではなく、ひたすらサバイバルのためのものだからだ。

ジャングルで聞きつけた物音がトラだと思えば、あらゆる対応を検討してそれぞれのプラスとマイナスを比較してから行動する余裕などない。動物の脳は純粋な本能と感情にもとづいて、即座に反応する。怯えの原因の物音が飢えたトラであろうが臆病なネズミであろうが、反応は同じだ。動物の脳は時間をかけて相手が何者かを確かめたりはしない。同じように、わたししたちのマネーのシナリオも、状況や環境が変化しようとも固定していて変わらない。

わたしたちはみんな、異なるたくさんのマネーのシナリオを持ち歩いているし、そのシナリオは意識的、合理的な思考の産物ではないから、矛盾も多いのだが、きわめて強力で、根が深い。自分や知り合いにとって少なくともある程度は有効だったはずだから、わたしたちはそのシナリオを信じてしがみつく――たとえそれが悩みや苦しみの種であったとしても。


マネーのシナリオに対処するうえで最初の障害は、自分でもシナリオに気づいていない場合が多いことだ。気づいていなければなおさら、日常生活はマネーのシナリオに絶対的に支配されてしまう。だからこそ、行動を変えようと思ったら、「解釈装置」が生みだしたシナリオやストーリーを明確に意識し、理解しなくてはならない。

テッド

クライアントに、経済状況をきちんと把握したにもかかわらず、生命保険に入ることを頑強に拒んでいるカップルがあった。とくに夫のほうが頑《かたく》なだった。二人には八歳未満の子どもが何人かいたし、何億ドル規模の事業のオーナー経営者として、子どもをおいて二人だけでプライベートジェットで旅行をすることも多かった。わたしは何度か、ぜひ生命保険に入ったほうがいいと勧めたが、二人は、いやいや、やめておくと言う。

わたしはこの不合理な行動の原因を知ろうとして、いろいろ質問をしてみた。それでわかったのは、創業者であるクライアントの祖父が何十年も生命保険に入っていなかったことだった。彼は六十代になってからやっと生命保険をかけたが、それから一年もたたずに亡くなった。少年だったクライアントは、生命保険加入と死亡の悲しい偶然について家族が話し合っているのを聞いた。そして彼の「解釈装置」が二つを関連づけた。それから三十年以上たったいままでも、クライアントは二つが関連していると思っていたわけだ。わたしがそのことを指摘すると――「それじゃあ、生命保険に入らなければ、死なずにすむわけですね？」と言うと――彼も妻も笑った。「そんなことを考えて生きているなんて、ばかばかしいですよね、そうじゃないですか？」と彼は言った。

数日後、二人から生命保険に入ったという電話があった。

■ストレス下での決断

確定拠出型年金（401k）の価値が急落するのを目の当たりにしたときや、足りない家計のつじつまを合わせるときなど、お金のストレスがあると、わたしたちは無力感に襲われ、そのためにさらにストレスが大きくなって、理性的な思考が損なわれる。

このことは、テキサス大学オースティン校のジェニファー・ホイットソン博士とノースウェスタン大学のアダム・ガリンスキー博士が行った六回の実験にもよく表れている。二人が調べたのは、無力感を覚えているとき、人はどのくらい正確にパターンを読みとることができるか、ということだった。

研究者たちは二つの方法で被験者たちに無力感を植えつけた。一つは自分ではコントロールできない状況に陥ったときのことを思い出してくださいと指示する方法で、もう一つは当人の実際の成績とはまったく関係ないテストの結果を何度か伝える方法である。それから粒子の粗いイメージを見せて、パターンが隠れているのはどれか見つけてください、と頼む。すると自信を失った被験者は、パターンがないのにあるとまちがった回答をする率が高くなった。言い換えれば、無力感を覚えている人は存在しないパターンをあると思いこむ傾向があったのである。

本書との関係でとくに興味深いのは、ホイットソンとガリンスキーが次に被験者に経済情報の分析をさせたことだ。このとき、比較対照となるグループには安定した予想可能な株式市場の情報が与えられ、実験グループには変動が激しくて不安定な株式市場の情報（現実のニュースで伝えられるのと同じような情報）が与えられた。それから二つの企業の財務報告の分析をしてもらったところ、「変動の大きな」情報を与えられたグループは対照グループに比べて分析精度がはるかに劣っていた。この人たちは無意味な要素を過剰に重視し、重要な要素を無視した。コントロール不能でストレスの大きな状況について先に考えさせておくと、情報からパターンを正確に読みとる能力は驚くほど損なわれてしまうのだ。

ナシーム・タレブは『まぐれ――投資家はなぜ、運を実力と勘ちがいするのか』と『ブラック・スワン――不確実性とリスクの本質』という著書で、**成功の場合でも失敗の場合でも、わたしたちは偶然が果たす役割を過小評価する傾向がある、**という事実を強調している。経済的決断でも、自分の信念と予測能力を過大評価し、そのために大損害をこうむることが多い、というタレブの主張は説得力がある。

さらにわたしたちには、**無関係な出来事に因果関係があると思いこむ傾向がある。**悪運を避けるには木製のものにさわればいいとか、てのひらがむずむずするとお金が入ってくるなどというようないろいろな迷信や儀式の根にあるのが、このような思考の癖だ。また株式投資で成功したのは市場全体が上げ相場だったからではなくて、自分が頭がよくて抜け目のない投資家だからだと思いこむような認知のバイアスも、この考え方から生まれる。

ストレスを感じていると、理性的な脳は戦線から離脱し、わたしたちは脳の非理性的な部分にせっつかれて行動する。そしてあとになって、どうしてそんな行動をしたかという理由をでっちあげる。自分は正しかったと信じこみ、逆の証拠は頭から締めだす。さらには自分の結論を人に共有してもらおう、あるいは確認してもらおうとさえする。そうしてくれる人たちと仲良くし、友人と呼ぶ。理性的、合理的な人間から、自己正当化する人間へと変わってしまうわけだ。

■なぜ自滅的な判断をするのか

さらにまずいことに、研究の結果、**過密なスケジュールと仕事の多さが賢明な決断をする能力を損なう**ことが明らかになっている。スタンフォード大学の研究者であるババ・シヴとアレクサンダー・フェドリキンは、気が散ると意思決定にどんな影響が及ぶかを調べた。論文のタイトルは「葛藤《かっとう》する心と理性」で、研究結果が一目瞭然であると同時に、なぜ多くの自滅的な経済的判断が行われるのかも端的に説明されている。

実験に参加した学生は記憶テストをするので二桁《けた》から七桁の数字を覚えてくださいと指示された。それからテストが行われるはずの部屋に行く途中で、軽食を勧められる。軽食はチョコレートケーキかフルーツサラダで、この二つは頭の働き——認知（理性的な思考）と感情（衝動的、情動的な側面）——にそれぞれちがった強力な作用をすると考えられている。健康で理性的、合理的な選択はフルーツサラダであり、事実、二桁の数字を記憶した学生たちのなかでケーキを選んだのはわずか二七パーセントだった。ところが七桁の数字を覚えさせられた学生のほうは、その倍以上——五九パーセント——がケーキを選んだ。なぜか？

わたしたちの頭では記憶（数字ややるべきことを覚えておくこと）も、衝動をコントロールすること（身体によくない食べものに抵抗したり、ほしいものがあっても買わないほうがいいと判断すること）も前頭前皮質が担当している。そこで**前頭前皮質の仕事が多くなりすぎると、**

脳の別の部分からやってくる強力な衝動に抵抗する能力が落ちてしまうのである（「あのケーキ、食べなきゃ！」「薄型テレビを買うぞ！」）。

これらの実験から何がわかるだろう？　ポイントは二つある。**理性的な脳はわたしたちが思うほどの力はないし、さらにストレスがあるといっそう判断力が損なわれる、**ということだ。アメリカ人の八〇パーセントがお金は最大のストレス要因だと言っている事実を思い出せば、多くの人がお金について不合理な判断をするのも不思議ではない。そうではないか？

この点が、自分の経済生活をコントロールするうえで、重大な岐路《きろ》となる。わたしたちにはお金にかんするシナリオや信念を過信する傾向があり、とくにストレスを感じているとそうなりやすい。そこを理解し、肝《きも》に銘じておくことが、お金との関係をきちんと把握して行動するうえで不可欠だからだ。

だがそれがわかっても、自動的に行動が変わるわけではない。これまで見てきたように、人は自分の内なる現実に合わせて外部的な経済的現実をでっちあげたがる。**経済生活を改めるには、まず自分のなかにある信念や知識、洞察、そして感情を変えなくてはならない。**自分の内部が変わらなければ、結局は古い習慣に逆戻りしてしまうだろう。

■感情は心のＧＰＳ

ここまでは感情的な対応がいかに意思決定能力を損なうかについて説明してきた。それならまちがった感情を追い払って、純粋に理屈だけに従っていれば、問題は解決するだろうとお考えになるかもしれない。ところが、そうではない。**わたしたちの感情は優れた意思決定にとって不可欠の要素でもあるのだ。**

『デカルトの誤り――情動、理性、人間の脳』のなかで、アントニオ・ダマシオは脳の一部に損傷を受けたために感情が欠落した患者について記している。この患者たちは認知能力には障害がなく、さまざまな心理学的問題を調べるテストの結果も正常だ。

この人たちの問題は、人に反応したりかかわったりすることがない、ということから生じる。また行動も奇妙に矛盾していて、強迫的であると同時に衝動的だ。場合によっては、書類を整理してファイルするというような仕事でも、大きな目標と細部との区別がつかないために、途中のどこかにひっかかって先に進めなくなる。

その一方でどう見ても怪しげな投資をしたり、破綻《はたん》するに決まっている結婚をしたりと、ありとあらゆるまちがった衝動的な選択を行う。ある患者（ここではボブと呼ぶ）の二つの事件を見ると、この矛盾がよくわかるだろう。

ボブがダマシオのクリニックにやってきたある日、道路がひどく凍結していた。ボブが着くと、途中は大変ではありませんでしたか、とダマシオが尋ねた。ボブは、いや、べつにと答え、しかし前を走っていた車が凍結路面でスリップし、運転手がパニックになってブレーキを踏んだらしく、車はスピンして溝に突っこみました、と言った。しかしボブ自身は同じ凍結箇所にさしかかって車がスリップし始めたとき、落ち着いてハンドルを切りなおし、そのまま前進してクリニックまで来たのだった。

さて、あなたがボブの立場だったら、と想像してみよう。かなり、あわてるのではないか？しかしボブはあわてなかった。あなたなら、前を走っていた車の運転者のことを少しは心配するのではないか？　ボブはしなかった。

翌日、ボブの次の来院日を決めることになった。ダマシオは二つの日を提案した。ボブは手帳を取り出したが、それから三十分間、どちらの日にするか決められず、クリニックのスタッフをやきもきさせた。ダマシオはこう語っている。「凍結した道路を落ち着いて走行してきて、その話を語ったときと同じように、彼は静かに費用対効果分析を行い、選択肢とその結果の可能性について延々と実りのない比較を続けた」ついにダマシオが我慢しきれなくなって、遅いほうの日ではどうか、と言った。ボブは「それでけっこうです」と答えて手帳をしまった。苦闘は終わったのだ。

最初の出来事では、感情が欠落していたことが幸いした。車がスリップし始めたとき、パニックに襲われた先行ドライバーとちがって、ボブはまったく恐怖を感じず、教えられたとおり冷静に対応できた。だが二つの日付のどちらを選ぶかという単純な決断をするにあたっては、同じ感情の欠落が最悪の結果になった。なぜか？

感情はいくつかの意味で意思決定に欠かせないらしい。まず感情は世界に自分を投影し、他者の反応を理解するうえで役に立つ。感情を経験する能力がなかったので、ボブはじりじりしているスタッフが発信していたはずの言葉にならない信号を認識できなかった。

第二に、感情はダマシオが「ソマティック・マーカー」と呼ぶものを生みだす。「ソマティック・マーカー」とは、わたしたちが何かを選択するにあたって良かれ悪しかれ大いに頼りにしている「直感」のことだ。意識していないレベルで作用するソマティック・マーカーは、内なるナビゲーション・システムとして働く過去の体験の記憶で、過去の似たような選択肢の結果いかんによって、具体的な選択肢に導いたり遠ざけたりする。それが意思決定に役立つ。たとえば夕食にサーモンを食べてひどく具合が悪くなったとしよう。次にサーモンが出たとき、あなたの動物の脳は「そんなもの、食べるな！」と叫ぶ。

しかし、ソマティック・マーカーはもっと微妙な、わたしたちが意識しないレベルでも働く。最初にサーモンのディナーで気分が悪くなったとき、赤と白のチェックのテーブルクロスがかかっていたとすれば、次に赤と白のチェックを見たとき、なぜかわからないけれど、かすかにいやな気分がするかもしれない。それが直感や第六感のもとになる。

最後に、感情のもう一つの役割は、ある決断をしたら自分がどう感じるかを想像したり予想して、「試そう」という気を起こさせることにある。さらにどんなときでも、感情は安全装置の役割を果たして、何かがまちがっている、あるいはまずいことになりそうだと身体的なレベルで知らせてくれる。

もちろん、感情だけに頼って経済的な決断をしろとは誰も言っていない。**だが感情を完全に無視すべきでもない。**認識し、受け入れて、できるだけ客観的に検討すべきなのだ。研究者になったつもりで自分の感情を検討する必要がある。

好奇心あふれる観察者として、自分の不安や想定、内なる対話、心のなかのひっきりなしのおしゃべりを眺めてみよう。自分のマネー感覚の火種を知り、過去の痛みや学んだ教訓を受け入れれば、感情や自動的な思考と自分を切り離してもいいと気づく。そのとき初めて、どんな経済行動を選ぶかを、理性的で積極的な方法で決めることができる。

それでは理性的で合理的な意思決定プロセスとはどんなものなのだろう?

まず、**決してあわてないこと。しっかり調査しよう。それぞれの選択肢からどんな結果が予**

想されるかを考えよう。身体の声を聞こう。何かしら不安を感じたら、その理由をつきとめよう。

決断しなければならないこと自体がストレスなのだろうか？　それとも選択肢の一つが不安なのか？　あるいは過去のいやな体験のせいで不安を感じるのか？　あなたの動物の脳――直感の源――は絶対的に信頼できるわけではないが、しかし耳を傾ける価値はある。

そして**いったん決断したら、あとは気にしないこと。**ああだったらこうだったらと思い悩んではいけない。何が起ころうと、生死にかかわりはしないはずだ。

3 おいてきぼりの恐怖で判断を誤る

動物の群れの暴走にまきこまれたことはおありだろうか？

ほこりの雲をまきあげて、雷鳴のようなひづめの音を響かせる暴走を想像なさったとしたら、答えはきっとノーだろう（そうでなければ、この文章を読んでいられるはずがない）。

だが実際には、集団のメンバーだったことがある者なら誰でも人間版の暴走にまきこまれたことがあるはずだ。それどころか、暴走の先頭に立ったことだってあるかもしれない。

わたしたちはサウスダコタのブラックヒルズ野生馬保護区で、ひづめの音が雷鳴のように響く暴走を見たことがある。そこでは野生馬がどんな行動をするのか、どんなふうに仲間とかかわっているのかを観察して、かなりの時間を過ごした。

群れにはいつもリーダーが一頭あるいは複数いて、ただお手本を示すことで、群れの行動を決めているらしかった。リーダーたちがとつぜん走りだすと、群れ全体がその後について走り始める。リーダーが走りだしたのはマウンテン・ライオンの気配を感じたからか、それとも地面にあるスズメバチの巣に踏みこんでしまったのか、ただ走りたい気分になっただけなのか、そんなことは関係ない。リーダーたちが行くほうへ、群れ全体も走る。

リーダーは群れを安全なところに導くかもしれない。あるいはまちがって、暴走の結果、崖から墜落してしまうかもしれない。群れのほかの馬たちには知るよしもない。だが群れの馬は一頭残らず、おいてきぼりにはなりたくないし、いちばんビリにもなりたくない。大型の捕食者から逃れるには、群れでいちばん足が速くなくてもいい、ほかの一頭より速ければいいのだ。**群れの一員にとっては、おいてきぼりは死を意味する。**

経済的な決断を動かしているのは欲だ、と一般に信じられている。だが、わたしたちはそうは思わない。**経済的な行動を動かしているのは、恐怖だと考えている。**暴走する馬と同じで、どちらの方向に向かうか、どれくらいのスピードで進むかという決断の決め手は、**おいてきぼりにされることへの恐怖、**なのである。

人間は社会的動物だ。何千年ものあいだ、わたしたちの生存は群れの一員でいられるかどうかに左右された。群れから放りだされることは孤立を意味し、孤立は死を意味した。

わたしたちは他者とつながるようにできている。それが原始的な本能で、有史以前に発達したものであろうと、いまでも最も強力な衝動の一つであることに変わりはない。

マイスペースやフェイスブック、リンクドイン、ツイッター、どれも原始的な群集本能の現代版であり、これらの仕組みが成功していることは、群れに所属したいという力がどれほど強いかを証明している。その力は作動すると主導権を握り、理性など吹きとばしてしまう。

群れを崖へと導いていくリーダーを考えてみよう。それは合理的、意識的な判断ではなく、本能だ。人間の場合、事実上のリーダーに無条件で従うという群集心理の結果は、暴動から集団暴行、さらには子どもたちのいじめにまで見られる。群集の本能は思いがけないところでコントロールできなくなって、暴走する。

二〇〇八年の感謝祭の翌日、ブラックフライデーに起こった事件もそうだった。ロングアイランドのウォルマートで、バーゲンめがけて先を争う買い物客の「群れ」に派遣店員が押し倒され、踏み殺されたのである。

人間の群集心理は経済的な行動にもあてはまるし、マネーのシナリオを形成するうえでも重要な役割を果たしている。**偶然とか不合理に見える行動の多くが、じつは高度に予測可能な社会的力学の結果、つまり「群れとともにいたい」という欲望のなせるわざなのだ。**

この欲望のせいで、わたしたちは「経済的な快適ゾーン」から、つまり自分が快適に感じる社会経済的な群れから離れられない。自分の経済的な快適ゾーンから踏みだす意志をもち、群れから離れて別のテリトリーに入らなければ、わたしたちはいつまでも行き止まりの、あるいは過去に引き戻されるような経済的行動を無意識のうちにとり続けるだろう。

■快適ゾーンにとどまろうとする

あなたがいちばん長く住んでいる界隈《かいわい》を思い起こしてほしい。たぶん、その地域のことはよく知っているだろう。どこに食料品店があるかも、病院の救急治療室へのいちばんの近道も知っている。親切な隣人も、そうでない隣人も知っている。あなたはその地域をよく知っている。そこにいれば快適だ。安全だと感じる。あなたはそこに属している。

経済的な快適ゾーンも同じだ。そこにいれば安全だと感じてくつろげる経済的領域である。たいていは生まれや育ちによって、気づけば特定の経済的な快適ゾーンにいる。もともとは自分が選んだのではないが、しかし多くの人たちはそれがすっかり自分の一部になっていることに気づかない。

その快適ゾーンから離れることは可能だ――しかし離れたとしても、ゾーンの境界は非常に強い力をもっている。その境界線は誰かによって恣意《しい》的に引かれたかもしれないが、どっちにしても、わたしたちはすぐにその内部での暮らし方を学びとる。怒りっぽい隣人の庭にボールを投げたりしないように、経済的な境界はどんな経済行動が受け入れられるかの基準になる。それが第二の天性となり、わたしたちの現実を決める。とはいっても、経済的な境界は自動的かつ無意識に作用するから、意識的に検討されることはなく、目に見えない制約、ガラスの天井や床のようなものになる。

それぞれの経済的領域にはそれなりの価値観や習慣がある。お金にかかわるいろいろな問題にもそれぞれの回答がある。父親や母親の経済的な役割とは何か？　借金をしてもいいか、いいとすればどんな場合か？　自分の金の最善の使い道は何か？　他者への経済的な義務のために我慢すべきことは何か（たとえば、いやな職場でも働くか）？　自分の財産や買い物を見せびらかしてもかまわないか？

経済的な快適ゾーンによって、貧乏と金持ちの定義も、どの時点で貧乏に、あるいは金持ちになるかもちがってくる。

わたしたちの知り合いで高級住宅地で育ったある若い女性が結婚式の準備をしていた。両親は資金を出してやると言ったが、しかし上限はここまで、と娘に伝えた。びっくりした娘は言い返した。「予算を決めるの？　お母様、そんなことは貧乏人のすることよ！」

要するに金持ちと貧乏人ではお金にかんする考え方がまるでちがうし、考え方が変わらなければ、片方から別のグループへと移動するのは難しい。

わたしたちの目標は、みなさんの経済的な快適ゾーンを広げることだ。もっと柔軟な考え方をして、どんなレベルでも快適でいられる、また自分が望む経済的なレベルを実現して維持す

るのに必要な心がまえをつくるための手助けをしたいと思っている。

この柔軟性は、意識して学ばなくてはならない。気づきや新しい知識、スキルがなければ、育ちを克服するのは難しい。経済的な地位が経済的な快適ゾーンと合致していれば、すべては順調だと感じていられるだろう。問題は、所得レベルや生活水準が大きく上昇したり下がったりするとき、あるいは快適ゾーンが成功のじゃまになるときである。

環境が変わって、経済的な快適ゾーンの上限を突き抜けたら、落ち着かない不安な気持ちになるだろう。自分ではその不安にも、不安の理由にも気づかないかもしれない。だって財産が増えるのはいいことだ、そうではないか？　ストレスになるのは、財産が減ることのほうだろう、ちがうか？　それがちがうのだ。**財産が減ったときだけでなく、財産が増えたせいでストレスを感じることも珍しくないのである。**

たとえばほかのことがすべて同じなら、確定拠出型年金（４０１ｋ）に加入している人のほうが加入していない人よりも株価の下落に不安を感じるだろう。多くの場合、所有物が増えれば、それだけ心配も多くなる。財産が減ることもたしかにストレスだが、慣れない経済状態におかれた、つまり群れから離れたという気分から生じるストレスもある。**慣れない環境におかれると、動物の脳が警報を鳴らし、無意識の心が慣れた場所に引き戻そうとする。**動物の脳にとっては生死がかかった問題なのだ。

だから、経済状態が変化するといつでも大きなストレスになる。このことに気づかず、どうしてストレスを感じるのかもわからないでいると、**無意識のうちに元の快適ゾーンに戻るような行動をとり始める。**自分では意識せずに、たとえ経済的な損失につながっても、元の快適さを取り戻そうとする。無意識のうちに、安全で慣れた領域に戻るための経済的判断を下すことになる。

ブラッド

わたしは労働者階級が住む町で、労働者の家庭で育った。両親はわたしが小さいころに離婚し、そのために二人ともさらに経済的に苦労することになった。

わたしは子どものころ、よその人はうちよりお金をもっている、だから自分にはできないことができるということを強く意識していた。嫉妬《しっと》もよく感じた。スキーのダウンヒルがやってみたかったが、お金がかかりすぎるのがわかっていたので、やらせてくれと頼めなかった。両親は離婚していたのに、いつもお金のことでもめているらしかった。どっちもわたしに、おまえにあれこれができないのは、あれこれが買えないのは、向こうがお金を出さないからだとたびたび言った。いろいろな約束はしてくれても、実現したことがなかった。

大学院に進学して初めて、自分がちがう集団のなかにいることに気づいた。まわりの人たちの多くは自分とぜんぜんちがった考え方をしていることもわかってきた。階級差別にもぶつかったし、貧乏人のなかにはとても「だらしのない」人間がいるとか、社会の「クズのような白人」にたいする腹立たしげな議論も耳にした。

博士号を取得したわたしはもっと恵まれた階層の出身だと思われたようで、話の仲間に誘われた。この新しい集団のなかでは、よくいたたまれない思いをした。自分は身元を偽っている偽者で、きっと化けの皮がはがれる、そんな気がしたのだ。

同じころ、帰省するのがだんだん楽しくなくなった。ほんとにいやな気分だった。気づくと、大学院に進学するために背負った借金について事細かに説明したり、自分の稼ぎを少なめに言ったりしている。「傍目《はため》にはよく見えるだろうけど、じつは何十万ドルも借金があるんだ」などと。わたしは自分が属していた群れに自分を引き戻さなくてはならないと強く感じていたらしい。

年収が六桁になってからは、自分の成功をできるだけ控えめに見せようとますます努力した。うちのなかはほとんどからっぽで、リビングにピンポン台が一つ、芝生用の折りたたみ椅子がいくつか、中古のベッドとドレッサーくらいしかない。皿が二枚にフォークが二本、なべとフライパンが一つずつ。車は二台で、片方は四百ドル、もう一台は五百ドル。かわりばんこに故障するので、修理中はもう一台に乗る。さらに銀行口座もからにして、貯金は全部、中途引き出しができない退職金ファンドに入れてしまい、あいかわらずかつかつで暮らした。収入は家族や親戚の誰よりも多かったが、誰よりも貧しげなその日暮らしをするように心がけていた。

そして一九九九年、ドットコム・バブルに巻きこまれた。友人たちがデイ・トレーダーに転身して、マウスを数回クリックするだけで何千ドルも儲《もう》けているのを見て、わたしもその世界に飛びこんだのだ。しばらくは利益があったが、やがてマーケットの底が抜け、わたしは「儲け」のすべてと、元金の半分をなくした。**いまから考えると、あの無鉄砲も、自分の経済的な快適ゾーンに戻ろうという気持ちがさせたことだったとわかる。**

たしかに大変な経験だったが、しかし大損をした価値はあった。あれを機に、わたしは自分の気持ちや思考、決断についてじっくりと振り返ってみた。株式市場のバブルとクラッシュの歴史も勉強し、自分が何世紀も前から同じようなことをしてきた人たちと同じく、感情的な判断の犠牲になったことを悟った。

自分のマネー感覚の火種やマネーのシナリオを検討し始めると、自分の経済的な快適ゾーンから脱出することができて、だんだんいまの自分やいまの所得が快適になってきた。この作業は現在も進行中だが。

人間関係も以前どおりのものもあれば、壊れたものもある。自分の経済的な快適ゾーンが広がると、相手が自分より金持ちでも貧しくてもあまり気にならなくなった。でも知り合いのなかには自分の経済的な快適ゾーンを広げてわたしを入れることができない人たちもいて、そういう人たちとはだんだん疎遠になった。

このような事例からわかるとおり、動物の脳は自分の集団からのけものになることを恐れていて、この恐怖の引き金になる出来事があると、信じられないくらいのエネルギーを使ってなんとか群れにとどまろうとする。慣れ親しんだ社会経済的な境界の内側にいようとする強いプレッシャーが内側からかかるのだ。

同時に経済的な快適ゾーンに閉じこめようとする外からのプレッシャーもある。いわゆる「カニかご効果」だ。つかまえたカニを集めてかごに入れておくと、必ず何匹か挑戦的なのがいて、脱出を試みる。ところがその先駆者が仲間たちの上によじのぼってかごの口に近づくと、かならずほかのカニがひきずりおろしてしまう。

群れのメンバーも同じことをする。ただし人間が使うのは脚や爪ではなく、脳の古い部分が最も恐れていること、社会的孤立である。誰でも自分の集団から追い出されて行きどころがなくなるのを極度に恐れている。ほとんどの人はそれを本能的に知っているから、その恐怖を使って、相手を本来所属すべきだと思っているかごのなかにひきずりおろそうとする。

わたしたち父子の伯父であり大伯父のジムについて考えてみよう。彼は七人兄妹で、オハイオ州南部の小さな農場で育った。若者になったジムは実家の農場にいても未来は開けないと思い、軍務を志願して入隊した。退役後はフロリダで運を試そうと考えた。農場で学んだことの一つは、よく働くことだった。ジムは建設工事の作業員から始めて、やがては自分で建設会社を起こした。何十年も身を粉にして一心に働き、細部にも目配りを怠らなかった結果、ジムは大金持ちになった。自分が育った経済的な快適ゾーンをはっきりと飛びだしたのだ。

毎年夏、ジム伯父は家族を連れてオハイオ州にやってきて、祖父母や伯父、叔母、いとこたちと会う。迎える側の農場の人たちの反応はじつに予想どおりだった。

「ジムがどうやって来たか、知ってる？（なんと飛行機で来たのよ。どんなに金持ちか、見せびらかしたかったんだろうよ）」

「空港に迎えに行くってのを断るなんて、何様のつもりだろう？（わざわざ金を払ってレンタカーを借りるんだってさ）」

「お偉いからうちには泊まれないんだってねえ？（モーテルに部屋を借りるんだってさ。それも、プール付きのモーテルに）」

「自分をさぞご立派な人間だと思っているんだろうさ、ねえ？」

自分たちのいる場所から出ていって金持ちになった親戚にたいする年長者たちのこのような言葉が、ジム伯父の姪や甥にどんな影響を与えるか、おわかりだろうか？　若者たちは野心や独創性をすばらしいことだと思うだろうか？　それとも傲慢《ごうまん》のしるしだと感じながら成長するだろうか？　ジム伯父のように一族からのけものになることを恐れ、ジム伯父のようになりたいという願望を必死で抑えることにならないだろうか？

ジム伯父自身は、自分の経済的な快適ゾーンから離れたことをどう感じていたのだろう？　前にも説明したように、**快適ゾーンのなかにとどまれというプレッシャーは外からも内側からもかかる。**人がいきなり、あるいはほとんど準備もなく——棚からぼた餅で大儲けしたというように——快適ゾーンの上限を突破したときには、たいていは慣れ親しんだ安心な元のゾーンに戻ろうという強いプレッシャーを潜在意識のなかで感じる。だから大金を人にくれてやったり、長期の贅沢《ぜいたく》な休暇旅行に出かけたり、その他いろいろな方法で新たに取得した富を使い果たしてしまう。あるいはビジネスへの投資、家の増築、株式投資に手を染める。こういう考え方そのものはべつに悪くはないが、ほとんどは大金を運用した経験がないから、ビジネスの判断も投資判断もお粗末で、結局、金を失うはめになる。

■ミリオネアはなぜ人より多く失敗するのか

平衡を取り戻そうという自動的な衝動は、快適ゾーンの下限に近づいたときにも起こる。場合によっては、それが有利に働くこともある。成功したビジネス・オーナーが事業に失敗しても、また数年後にはべつの事業で成功しているというケースがよくある。この人たちは経済的な快適ゾーンより下に落ちると、自分のスキルやリソースをすべて使って元のレベルに戻ろうとする。だからこそ、**ミリオネアが大きな事業の過ちを犯す回数は平均三・一回だが、そうではない人たちは一・六回だ**という結果になるのだろう。彼らはよく失敗するが、失敗するたびにまたがんばるのだ。

ときには、快適ゾーンから抜け出したのに、まだ元のゾーンにいるようにふるまい続けることがある。元ビリオネアが破産したあともBMWを乗り回し、高価な衣服を買い、明日のことは眼中にないかのように浪費するのも同じだ。逆に自力でミリオネアになった人が高級住宅地で比較的粗末な家を買い、古いヒュンダイに乗り、金持ちのなかにいても社会的に孤立したまま、ということもある。

どちらの状況も心理的に健全ではないし、幸福が大きく損なわれる可能性がある。

若者が多額の借金をしてしまうのも、快適ゾーンから出るのを無意識にためらうせいかもしれない。おとなの世界の仲間入りをした若者は、多くの場合キャリアの梯子《はしご》の最下段あるいはその近くからスタートしなくてはならず、所得も少なくて、成育時に慣れたライフスタイルは維持できない。だが自分の快適ゾーンにいるかのように暮らしたくてお金を使い過ぎる若者は、その「快適さ」が高くつくことを思い知らされるだろう。

経済的な快適ゾーンの上に出るにしても下に出るにしても、ストレスは居場所をなくしたことから生じる。快適ゾーンから出てしまったら、自分が何者かわからなくなるではないか？　知人たちは自分をどう思うだろう？　自分自身では自分をどう感じるか？　ゾーンの外側にいる人たちと同じになるというのは、どんなことなのか？　新しいゾーンの社会的なルールや規範はどうなっているのだろう？

どちらの方向にせよ移動したのに気づいたとき、このような疑問にじっくり取り組まないと、まともな経済的判断ができなくなる。

自分の快適ゾーンにしがみつくもう一つの理由は、快適ゾーンの上限と下限に付随するマネーのシナリオによってわたしたちが何者であるかが決まるだけでなく、集団や群れの一員であるかどうかも決まるからだ。そしてわたしたちには、たとえば「金持ちは利己的だ」とか「貧乏人は怠け者だ」というようにゾーンの上や下にいる人たちを批判し、自分のポジションを合理化、正当化することで所属意識を生みだす傾向がある。ゲート付きの高級住宅地や小さな町と同じで、経済的な快適ゾーンでは「ちがう」というのは褒め言葉ではないのだ。

快適ゾーンは自分のアイデンティティと強くからみあっているから、ちがうゾーンの人たち、言い換えればちがう社会経済的階級の人たちと友情を育《はぐく》んで維持するのはとても難しいかもしれない。金持ちの夫婦や個人にとっては所得やリソースの差に気を遣うことは荷が重いし、それほど豊かでない人たちにはきまり悪さや嫉妬、恨みを感じないでいることがなかなかできない。次のような場面の課題について考えてみよう。

●外食

貧しい側だったら：自分の手が届かないようなレストランに誘われたら、あなたはどうするだろう？　勘定は別にしてくれと頼んで、前菜だけ頼む？　もっと安い店に行こうと提案する？　おごるよと言われて、受け入れる？　受け入れるとしたら、何度くらい？

金持ちの側だったら：あなたは外食に誘うとき、友人の経済的な状況を考慮するだろうか？　おごるよと提案するか？　おごると言ったら、あるいは言わなかったら、相手が気を悪くすると心配にならないだろうか？　この友人とは高い店には行かず、高級レストランに行くときにはこの友人を誘わないか？　そうだとしたら、相手の気を悪くしたくないから、その事実を隠すだろうか？

●旅行

貧しい側だったら：友人がファーストクラスで自分はエコノミーでも、気分よくいられるか？　自分の予算に合わない高級ホテルに泊まろうと誘われて、イエスと言わなければならないと感じるか？　いろいろなイベント——ブロードウェーでの観劇やハング・グライダーの個人レッスンなど——を、高すぎるからと断るとき、きまりが悪くはないか？

金持ちの側だったら：友人がエコノミーなのに、ファーストクラスで飛んで、気分よくいられるか？　相手が気分よくいられるようにと、自分の快適さや欲求を犠牲にできるだろうか？

後ろめたさを感じて、相手の費用の一部あるいは全部を負担すべきだと思うだろうか？

●感情的な親しさ

貧しい側だったら：相手に罪悪感を覚えさせずに、日々のお金が足りない心配について話せるだろうか？　友人が投資に失敗して何千ドルあるいは何百万ドルの損をしたと苛立っているとき、そもそもなくす金があったんだからいいじゃないか、と恨みがましく思わずに話を聞けるだろうか？　友だちと一緒にいるとき、自分の経済状況について恥ずかしさを感じないでいられるか？　品定めされるのを恐れて自宅に招待しない、ということはないか？

金持ちの側だったら：自分の実際の経済状況や心配について、後ろめたさを感じないで話せるか？　ある種の話題は避けるのではないか？　後ろめたさや相手の嫉妬、恨みを恐れて、自宅に招待しないということはないか？

ごらんのとおり、**経済的な地位が異なると、友人や家族との人間関係に深刻な問題が生じることがある。**だから人は経済的な状況が激変すると、家族や古い友人から離れていくのだろう。また、そうしたくないときは、大金を手にしても、自分のスキルや知識を新しい状況に適応させる努力をせず、さっさとその金を友人や家族にあげてしまうのかもしれない。当然ながら、その友人や家族にもお金を手にする準備がなく、上手な活用法も知らないことが多いから、非建設的な、あるいは有害な方法で使い果たしてしまう。結局、誰も得をしないし、そのうえ人間関係が壊れる恐れもある。

いまより高い所得レベルを実現しようと思うなら、あるいはもっと低いレベルでも快適でいようと思うなら、自分の経済的な快適ゾーンから踏みだすことについて、じっくりと考えなくてはいけない。多くの人たちにとっては、新しい経済的コミュニティに移転することを意味するので、親しい人よりも金持ちでも貧乏でも平気でいられる方法を学ばなければならない。このような変化にたいする準備を整えていないと、無意識に自分の経済的成功のじゃまをしたり、逆に身分不相応なやり方で自己認識と快適レベルと人間関係を維持しようとして無理をするリスクが大きくなる。

いまより貧しくても快適でいようと思うなら（世界の経済情勢からして、多くの人たちはそんな状況に追いこまれているだろうが）、やっぱり同じ原則が成立する。貧しい人たちとつきあおう。その人たちが少ないお金で意義のある快適で気楽な暮らしをしている方法を学ぼう。そうすれば柔軟な思考が維持できる。

柔軟な思考こそ、経済的、心理的な健全さを実現し維持するために欠かせないものだ。

■期待と現実のギャップが貧しさを生む

群集本能が及ぼす効果はもう一つあって、自分が期待する水準と現実との格差から生まれる。これは「相対的剝奪《はくだつ》」と呼ばれている。人が――自分の祖父かもしれないし、近所の老人かもしれない――こんなふうに言うのを聞いたことはないだろうか。「わたしらはみんな貧乏だが、貧乏だってことを知らない」

知らないのは、まわりもみんな貧乏だからだ。ほかに比較の対象がないので、自分のもっているものがどれほど乏しくとも、そんなものだと思い、それ以上を望まない。

だがいまのアメリカでは、そんなふうに考えている人を探してもまず見つからないだろう。現代の消費文化は相対的剝奪という概念のうえに築かれている。わたしたちは友人や隣人だけでなく、テレビ画面に現れる人たち、ゴシップ・コラムに登場する人たちと自分を比較する。まるで金を使う競争か何かのように消費をあおって称《たた》えるテレビ番組を考えればよくわかるだろう。その種の番組のさきがけは「セレブのライフスタイル（Lifestyles of the Rich and Famous）」だったが、その後も新しいところでは「ＭＴＶクリブス」や「マイ・スーパー・スイート・シックスティーン」、それに、どこそこの「ハウスワイヴズ」というぐあいに、同じ趣向の番組が続々とできている。このような番組を見ていると、何が「ふつう」なのか、自分は何を所有できるはずで、どれくらい金を使えるはずなのかという感覚が歪《ゆが》んでくる。そして自分が相対的に「貧しい」と感じ、惨めになる。

アラン・グリーンスパン前FRB議長が、著書のなかでハーヴァード大学の大学院生を対象に行われた研究に触れている。学生たちには二つの選択肢が示されて、どちらを選ぶかと尋ねられた。一つは自分の年収が五万ドルで、仲間たちは二万五千ドルというもの、もう一つは自分の年収は十万ドルで、仲間たちは二十万ドルというもの。すると大半の学生は五万ドルのほうを選んだ。言い換えれば、年収が半分でも仲間に負けるよりはいいと考えたのだ。

アメリカでは不思議なことに年収五万ドルを境にお金と幸福の関係が消えるのだが、それはなぜか？ たぶん五万ドルというのが、この調査が行われたときのアメリカの平均世帯収入だったことは偶然ではないだろう。さらに一人ひとりを見ればアメリカ人のほうがたくさんお金をもっているのに、もっと貧しい国の人たちよりも経済的な満足度はずっと低いことも、そこから説明がつく。あまり豊かでない国の人たちに、あなたがたは貧しいと告げる人は誰もいないだろうし、お金やモノがもっとたくさんあればもっと幸せになれますよという神話を売りこむ者もいないからだろう。

■人間の本質がバブルを生む

最近、神経学者のリード・モンターグ博士が、株式市場で投資している被験者の脳を調べる研究を行った。機能的磁気共鳴画像法（ｆＭＲＩ）を使って、どんな出来事があると快楽や幸福に関係する脳の部分が活性化されるかを調べたのだ。その結果、保守的な投資で利益をあげているときに幸福を感じることがわかった。ただしそれも、もっと多額の投資をした人がもっと儲けていることを知るまでだった。

他人がどれほど儲けているかを考えると、脳のなかの後悔と関連する部分が激しく活動する。そしてチャンスを逃したという感覚が被験者の次の投資行動に影響する。後悔した被験者はさらに多額の金を市場につぎこんで、ついには破綻するまで賭け金を吊り上げていく。これはまさに上げ相場に見られる現象とそっくりだ。

その他の実験や数学的モデルによっても、市場でリーダーに追随する群れの行動が明らかにされている。著述家のヴァージニア・ポストレルはこみ入った投資ゲームを使って市場パターンを調べている多くのエコノミストに取材した。そこでヴァージニアが発見したのは、ある種の基本的な人間性（エコノミストが実験に次ぐ実験で発見した真実）を考慮すれば、バブルはほとんど不可避だ、ということだった。

研究者の一人は、「**人々を資産市場に放りこむと、彼らはとにかく安く買って、高く売ろうとする**」と言っている。まず投機家が参入し、相場が上がると、その後から「後追い投機家」がやってくる。後追い投機家は相場の流れを追いかけ（群集本能にしたがった行動）、ほぼまちがいなく高値でつかんで安く売ることになる。

実験でゲームを何度か繰り返していくと、トレーダーは相場が天井をつける前に売り抜けようとするので、バブルが生じるのが早くなる。それから四度目のゲームあたりで、バブルは停止する。証券の市場価値が定まり、すべてのプレーヤーの売買パターンもわかってくるからだ。だが研究者が取引ルールを変更し、被験者のグループを編成替えして新顔とゲームをさせると、バブルはまた発生する。文脈が変わると、またバブルが生まれる。なぜか？　投資家は新しい人々を自分と比較して、競争を始めるからだ。

群れの行動は、誰が群れを率いているかでも変化する。最近のバブルでは、リーダーはプロのトレーダーやブローカー、ヘッジファンド・マネージャー、つまり投資で暮らしをたてている人たちだ。そこで群れの人たちは、リーダーたちには自分が何をしているかがわかっているはずだ――それにうなるほどの金を儲けているはずだ――と考えて、彼らに追随《ついずい》した。問題は、現在の市場は非常に変動が大きくて、しかもクレジット・デフォルト・スワップだのなんだのという新しくて複雑な金融ツールに依存しており、**エキスパートといえども新米同然だった**ということだ。

ＪＦＫの父親であるジョセフ・ケネディの「靴磨きの少年が相場情報を教えてくれるようになったら、引きどきだ」という言葉もよくひきあいに出される。ケネディほど有名ではないが、狂乱の一九二〇年代と呼ばれた時代の投資家だったバーナード・バルークは自伝のなかでさらに敷衍《ふえん》して言っている。「タクシー運転手があの銘柄を買えと勧めた。靴磨きの少年がぼろきれで靴を磨きながら、その日の金融関係のニュースをかいつまんで教えてくれた。うちの事務所の前の通りをいつも歩いている老いた物乞いがとっておきの情報を耳打ちしてくれたので、わたしが与えた金で株を買っているんだなと思った。うちのコックは証券会社に口座をもっていて、株価を綿密にチェックしていた。その彼女の含み益は一九二九年の暴落で吹きとんだ」

ごくふつうの市民である知り合いの誰もが土地を売ってチューリップを買う話をし、老後のための貯えをIT会社の新規公開株に注ぎこみ、不動産売買免許を取得しているとしたら、たぶんバブルがふくらみつつある。前にも言ったとおり、**バブルは人間の本質なのだ。**気をつけなければ、誰でもバブルの被害者になり得る。だがわたしたちは仕事柄、**お金について未解決の問題を抱えている人は、ふつう以上にバブルの餌食《えじき》になりやすい**ことに気づいた。

わたしたちのクライアントの一人で、不安定な家庭でお金の面でも精神的にも貧しく育ったルースが、ドットコム・バブルのときに群集本能に振りまわされた顚末《てんまつ》を考えてみよう。

ルース

わたしたちの、つまりわたしと夫の確定拠出型年金（４０１ｋ）のお金はほぼ十年間、成長は遅いけれど安全なファンドに投資されていました。でも一九九〇年代終わりごろに、わたしはほかの人たち——頭がよくて、わたしが子どものころうらやましく思っていたふつうの家庭で育った人たち――が大きな利益をあげている、それは彼らが頭がよくて、リスクをとることを恐れないからだ、と聞かされるようになりました。わたしだって頭がいいし、リスクをとれるはずだと思ったんです。それで大金持ちの友人とパートナーを組むことにして、彼に投資のことを教えてほしいと頼みますと、彼は承諾してくれました。

いまから考えれば、あれは幼児が幼児の手を引いて新しい土地に行くようなものでした。わたしたちは無知だったんです。企業が嘘をつくことがあるなんて知りませんでした。わたしたちは二つの会社を買収しましたが、どちらも破綻しました。市場全体が破綻しちゃったんです。お金はまったく戻りませんでした。彼は千三百万ドル、わたしは五万ドル、損をしました。でも、わたしたちのダメージの大きさは同じでした。大事な元手が紙くずになったんですから。

幸い、最悪の経験は最高の学習になり得る。自分の過ちや動機を正直に見つめれば、同じ過ちは二度と犯さないだろう。

わたしたちは群れと一緒に走りたいという衝動を消すことはできない。だが、どんなきっかけでその衝動が起こるのかを注意深く学び、観察することはできる。そのきっかけがわかれば、主体的に判断することが可能になる。もう、群れの気まぐれな衝動に振りまわされることはない。

注意深く観察すると、理性の脳が前線に復帰する。爬虫類とサルと科学者が協力しているときには、わたしたちは最強だ。だが動物たちが動物園を乗っとって科学者を閉じこめてしまい、暴走が起こると、すべてがおかしくなってしまう。経済的な健全さということで言えば、科学者がつねに状況をコントロールしていなくてはならない。

さらに忘れてほしくないのだが、ほかの人たちとつながっていたい、群れと一緒に走りたいという強い欲求は、必ずしも経済的破綻をもたらすわけではない。それどころか、その欲求自体はべつに悪いものではない。わたしたちにとってすばらしい資産にもなり得るし、何かがうまくいかなかったときの慰めにもなってくれる。

ニール

前代未聞の出来事が起こっていたころ、大勢の人たちが恐怖と不安を抱いていました。皮肉なことに、ある意味ではそれが慰めだったのです。「ああしておけば、こうしておけば、こんなことにはならなかっただろうに」とは思いませんでした。**誰もが損をしていた。みんなが一緒にひどい目にあっていたんです。**そのほうが、「みんなは大金持ちになっているのに、わたしはどうすればいいかわからないから、こうして手をこまねいている」と思うよりもずっとましなんですよ。

4 マネーのトラウマというおばけ

わたしたちのマネー感覚の火種、つまりお金にかんする強い感情をともなう体験が、一人ひとりのマネーのシナリオ――お金にかんする思考や行動のパターン――をつくりあげている。誰でもそういうマネー感覚の火種、体験を子ども時代からひきずっているわけだが、そのなかにはとくにつらいトラウマになるものがある。

経済的なトラウマの後遺症を克服する手伝いをしてきたわたしたちは、火種がトラウマになるようなものであればあるほど後遺症も深刻だということに気づいた。

だが、明るい事実もある。感情的なトラウマへの反応は予測可能な具体的なパターンとして現れる場合が多い。だから注意深く振り返って考えれば、パターンを明らかにして検討し、克服することもできるのだ。たとえばこんな事例がある。

レスリー　子どものころ、うちのお手伝いをすると小遣いがもらえたのですが、小遣いの半分は銀行に預金しなさい、残りはキャンディでも何でも好きなものを買っていい、と言われていました。それで、もらった小遣いの半分は貯金箱に入れておき、貯まったお金を一カ月に一度くらい銀行にもって行って預金しました。通帳の数字を見るのが楽しみでした。だんだん預金が増えていくなあって思えたからです。

ある日、十二歳か十三歳くらいのときでしたが、銀行に行って預金をして、残高を確認しました。すると窓口の係が預金はもうありませんよ、お父さんが全部下ろしていきました、と言うのです。帰宅して父に詰めよると、父は笑いとばして言ったものです。「もともと、おれの金だ」父がそんなことをするなんて、わたしは呆然《ぼうぜん》とするばかりでした。

そのとき限りで、預金はやめました。あれ以来、お金が手に入ると全部使ってしまいます。お金が手元にあるあいだに、誰かに取られないうちに使うんです。

それはレスリーにとっては深刻なマネー感覚の火種だった。手ひどく裏切られて、お金はどんな働きをするかという「現実」そのものが一瞬のうちにひっくり返ってしまったのだ。それにまだ子どもだったから、行動で適応するにも限度があった。銀行口座はおとなの共同署名がなければ開設できず、お金にかんする限り、レスリーはもう親を信用できなかったにちがいない。そこで二度と裏切られるのはごめんだと思い、彼女としては論理的な結論を出した。**誰かに取られないうちに使おう。**

しばらくたち、レスリーの理性的な脳が父親との昔の事件をさほど気にしなくなってからも、この習慣はしっかりと根づいて生き延びていた。その結果、彼女は浪費家になった。毎月の給料を使い果たしてしまい、借金は増えて、預金はまったくできなかった。

トラウマというと人はふつう強盗、レイプなどの非常に特殊な出来事をイメージする。だが実際にはどんな出来事でも、どれほどありふれて見えようとも、苦悩や感情的苦痛を引き起こすものならトラウマになり得る。これは種類のちがいではなく、程度のちがいなのだ。マネー感覚の火種は、父親に預金を盗まれたとか母親が刑務所行きになったというようなショッキングな出来事ばかりではない。もっとありふれたふつうの日常体験――親からのきつい一言や、仲間の前で恥ずかしい思いをしたことなど――も長くひきずられて、同じように悪影響を及ぼす可能性がある。

この章では、経済的なトラウマがマネーのディスオーダー、つまり病的な行動をかたちづくるうえでどんな役割を果たしているかについて考えよう。

まず、お金にかんして激しい感情をともなう出来事やトラウマを体験すると、実際に脳の生理的構造が変化して、その後の反応が原始的、自動的になり、論理的な脳が迂回《うかい》されてしまう場合があることを説明する。つぎに、さまざまなタイプの幼少期のトラウマを取り上げ、それが成人後の思考や行動パターンにどう影響するかを見ていくことにする。

■家族の経験がマネー感覚の火種になる

わたしたちが過ちから学べないでいるとき、お金にかんしてやるべきことができないとき、いけないとわかっていても止められないとき、変わろうと思っても変われないとき、状況に不似合いな激しい感情的反応をしてしまうとき――そういうときには、たぶん未解決のトラウマがあるはずだ。**多くの場合――常にではないが――そのトラウマの根は家族の経験にある。**

機能不全家族が経済的な機能不全も引き起こすのは意外ではないだろう。お金が日常生活のあらゆる面に強い影響を及ぼすことを、また安らぎや安心感、愛情などの感情とシンボリックに結びついていることを思えば、苦しい家庭生活ではお金が演じる役割を誤解しがちなのも当然だ。お金そのものが主要な問題ではない場合でも、家族の苦痛や問題と結びついてしまう可能性がある。

子どもたちにしてみれば、ことはさらに複雑になる。脳はまだ発達中だし、物事に対応するスキルも未熟で、ものの見方も限られているし、実際の脅威と想像上の脅威を見分ける能力もあまりないから、**小さな子どもにとってはほとんどすべての体験がトラウマになり得る。**

歯医者に行くこと、最初のヘアカット、親との一時的な別れ、おとなの激しい諍《いさか》いを聞くこと。子どもたちは脅威や危険のごく微妙なサインにも気づくようにできている。だから、無難な状況を脅威だと思ってまちがった結論を出したり、誤解したりしやすい。

また子どもたちは情報を取り入れて世界を理解することに集中しているから、あとから考えればささいな出来事でも大きな意味をもってしまうことがある。おとなになった自分がそれをトラウマと思うかどうかは関係がない。充分に激しい感情が誘発されれば、子どもはそれを成人後の人生に持ちこんでしまうだろう。

さらに子どもはおとなたちを観察し、手本にして世界観をつくりあげる。何を避けるべきか、何を追求すべきかを学ぶ。親がお金にストレスを感じていればいるほど、子どももたぶんお金にたいする不安を感じるようになる。あるいはお金があっても、お金がコントロールの手段になっている家庭で育ってつらい思いをした子どもは、富はつらさや苦しみのもとだと誤解して、生涯お金に反発して生きるかもしれない。また、自分に使われるお金が愛情の量だと思って育つ子どももいるだろう。

逆に貧しくてつらい家庭で育った子どもは、お金がないのがつらさや苦しみの原因だと誤解し、幸福をもたらすだけの富を得ようとして一生を過ごすかもしれない。そういう生き方は多くの場合、ワーカホリックか犯罪か、二つの極端のどちらかになりがちだ。

エレン

わたしの母は十二人兄妹で、とても貧しく育ちました。幼い弟妹の面倒を見るために高校を中退し、自分も十九歳で最初の子どもを産んだのです。母には手に入らないものがたくさんあったので、「必要ならどんな手段を取ってでも」ほしいものを手に入れるという姿勢が身につきました。ただで手に入れたり「だまし」たりは、あたりまえでした。

母は子どもたちに「自分が得られなかったものすべて」をもたせようと決心していましたが、それはだましたり、盗んだり、借りたりと、ほしいものを得るためには何でもするということだったんです。母はいっさいお金を貯めようとしませんでした。手に入るお金はすべて使ってしまいます。お金持ちの家庭でメードをしていたのですが、勤め先からも盗みました。結局見つかって仕事を失い、その結果わたしたちは家もなくしたのです。

小さいとき、何でも取ってかまわないんだと思い、うまく取って逃げることにスリルを感じていたのを覚えています。幸い、まだ若いうちに、親譲りの生き方はいやだと思うようになりました。いま母親、祖母として、わたしは自分が取る人間だと思われたくないので、過剰に与えています。お金でもプレゼントでも友情でも、わたしのことを気遣って親切で与えてくれる場合でも、受けとるのがとても苦手なんです。


エレンは第2部で説明するマネー・ディスオーダーの一つ――金銭の拒絶――の典型的なケースだ。手本である母親の行動のせいで、またその行動がもたらしたトラウマのせいで、エレンはお金を不正や恥辱と同一視するようになった。おとなになったエレンがなるべくお金とかかわりたくないと思ったとしても不思議ではない。

現在、エレンは高度な訓練を受けた専門職として、おもに経済的に恵まれない人たちのために働いている。彼女はボランティアでプロジェクトを引き受けてただで仕事をし、連邦政府が資金を出すプロジェクトの責任者をしているときでさえ、報酬を受けない。文字通り得たお金を返してしまうのは、「お金のためにしている」と批判されるのがいやだからだ。もちろん、そんな批判をするのはたった一人、エレン自身だけなのだが。エレンがお金を必要としていないなら話もちがっただろうが、五十五歳になった彼女はわずかな報酬でかつかつの暮らしをしていて、貯蓄も引退後のプランもない。

もう一つ、**子どもたちがお金について混乱する原因は沈黙だ。**たとえお金の問題が起こっていても、お金のことを口にしない家庭は多い。この沈黙もトラウマになる場合がある。問題を隠して、きちんと取り組もうとしないからだ。

子どもたちの前でお金のことに触れないでいると、子どもに経済的な依存、お金の否認、お金の回避などのマネー・ディスオーダー（第2部で取り上げる）が生じる可能性がある。自分ではどうしようもない幼い子どもたちを不安から守るのはたいせつだが、年齢に応じて経済的な決定にかかわらせるほうが健全だろう。

どんな家庭にもそれぞれの物語がある。トラウマとなる出来事は家族史の一部だ。そして家族がストレスやトラウマを体験すると、個人と同じように反応する。言葉にならないマネーのシナリオをつくりあげて、トラウマを受け入れ可能な現実に結びつける、あるいは苦痛を最小限に抑えられるような現実と調和させようとするのだ。

このシナリオはやがて家族の物語の集積になり、それに付随する不健康な習慣や行動とともに、家宝のように受け継がれていく。それが何世代にもわたって、強力で根源的な影響を及ぼす可能性がある。

家族の経済的な歴史を探るのは、実りの多い作業だ。そのなかで、自分の信念がじつは自分のものではなく、（意図的であってもなくても）家族に代々受け継がれてきたものだとわかるからだ。そこに気づくと、学びと成長への扉が開かれて、解放されたと感じるだろう。

■刷りこまれるマネーのシナリオ

家庭の経済的地位がそれぞれのマネー感覚に――良きにつけ悪しきにつけ――大きな影響を及ぼすことは事実だ。社会経済的に低い階級で（あるいは周囲と比べて低いと感じながら）育った人たちは、豊かに育った人とはまったくちがうシナリオをつくる。よくあるのは、

「家族の誰かが成功したら、残りを助けて引き上げる義務がある」

「何かを手に入れたら、奪われないうちに使ってしまわなくてはならない」

「充分ということは決してない」

「借金して、お金を使ってもかまわない」

「豊かな人たちはわれわれのような人間を踏み台にしている」

などである。

こういうシナリオは、**人生なんて希望がもてないものだとか、自分で人生を何とかしようと思っても無理だし無駄だという思いや、宿命的な欠乏感を助長する。**このようなシナリオをもっている人は、人生の大きな出来事を決定するのは自分より大きな何者か――政府、上司、宇宙――だと信じている。そのために、入ってくるお金はできるだけうまく使おう（たいていは奪われる前に使ってしまおう）と考える。

もちろん、貧しく育った人がみんな、こういう反応をするわけではない。人間の反応はすべてそうだが、貧しい子ども時代への反応も、お金をまったく否定することからお金に異常に執着したりお金やモノをためこむことまでさまざまで、予測しがたいことも多い。

貧乏が悪影響を及ぼすのは意外ではないが、同時にその後の人生に役立つ性格や姿勢を育むこともある。ポールは貧しい育ちのなかで、打たれ強さ、強い労働意欲などを身につけた。彼は家庭の経済事情がおとなになってからの自分にどう影響したかを次のように語っている。

ポール　わたしたちはほんとうに貧しいなかで育ち、**お金なんてぜんぜん重要ではない、どうでもいいと教えられました。**いま振り返れば、あれは親が貧乏という事実に対処するためのすばらしい方法だったと思いますね。お金が重要でないなら、お金がなくても心配しなくていいわけです。わたしたちがいつも考えていたのは、どうやって楽しむか、どうやってものをつくりだすか、でした。お金がなくてもものをつくったり、あるものでやりくりするにはどうすればいいかを考えたんです。

これにはプラスの面とマイナスの面があります。プラスの面は、昔もいまもお金の心配をしていないことでしょう。**だいじょうぶ、やっていける。何が起ころうと気にしない。ちゃんと生きていけるさ。これは貧窮《ひんきゅう》のなかから生まれた信念です。**

マイナスの面は、お金の扱いが上手ではないことです。父はよく言っていました。「金持ちは貧しい人々からはぎ取って金持ちになったんだ。金持ちは強欲で、他人のことなんかかまっちゃいない。あいつらにとってはお金が神様なんだよ」

わたしは農場で働くときの靴一足とジーンズ一枚しかなくて、それで学校へ通い、汚い、靴に家畜の糞がついていると笑われました。教会では日曜日の晴れ着にふさわしいものを着ていないと眉をひそめられました。その教会は曽々祖父がつくった教会だったんですが。

板ばさみになってつらかった話はいくらでもあります。**貧乏は恥ずかしいが、金持ちは悪なんです。**大学時代の夏休みに、ケースワーカーとして福祉の仕事をして働いたのは偶然ではなかったと思います。自分より恵まれない人を助ける責任があると教えこまれて育ちましたから。

ポールが結局、公共サービスのキャリアを求めたのは当然かもしれない。その後カウンセラーとして開業したが、無意識のうちに富を拒否していたので、格安の料金しか請求しなかった。彼が対象にするのは経済的リソースが限られていて、多くは保険にも入っていない人たちだった。そのために彼は長時間働き、それでもかつかつの暮らしを余儀なくされた。

裕福な環境で育った人たちも、同じようにプラスの影響とマイナスの影響を受けることが多い。資産が多ければある種の心配をしないですむのは明らかだ。だが、お金の心配は資産に比例して増えていく。お金があればあるほど、失う不安も大きい。**お金について未解決の問題を抱えていると、資産は不安を増大させるだけになってしまう**（「自分が金持ちではいけないんじゃないか」「きっと財産をなくしてしまう」）。

クリスティンの物語は、巨額の財産が疎外につながることを教えている。彼女の家族のケースをポールの場合と比べてみてほしい。

クリスティン　子どものころ、わたしたちはほとんど親と接触がなく、だからほんとうの絆というものも生まれませんでした。親子というより孫と祖父母のようで、たまにわたしたちをべたべたに甘やかしてくれますが、そばにいることはめったになかったんです。毎日の世話をしてくれるのはみんな雇われた人たちで、あなたがたが悪い子だと自分たちが仕事を失う、そうなったらあなたがたは施設に送られることにもう決まっている、と言われました。

　わたしは始終「あなたはこんなにお金があって幸せだ。感謝しなければいけない。文句を言ってはいけません。どんなに恵まれているかを考えなさい」と言われました。わたしは大きな邸《やしき》に住んで、八人の使用人に囲まれているのですが、それでもほんとうにつながりを感じられる人は誰もいなかったのです。わたしが心から望んでいたのは、そういう人だったのに。

　ほかの家庭を垣間《かいま》見ることがありました。うちの両親の寝室よりも小さいような家に住んでいる人たちです。わたしがいちばんうらやましかったのは、帰宅した父親との夕食のひとときでした。子どもたちはその日にあったことを話し、ママやパパも自分が経験したことを話す。招かれたわたしも自分の話をします。そんなうちがわたしを養子にしてくれないかと思いましたね。

　運転手つきの車で登校するのも恥ずかしいことでした。わたしは「あそこの角《かど》で下ろしてちょうだい」と頼みました。両親は一度も学校に来たことがなくて、かわりに制服を着た女性家庭教師が来るんです。そういうのがとてもいやだと言うと、またみんなに、あなたは恵まれている、あなたはほかの子どもとはちがうのだからしかたがないでしょう、と言われるのです。

わたしはちがっていたくありませんでした。

子どもながらに、うちのなかに大きな溝があって、人とつながれないことを感じていました。みんなと同じでいたかった。わたしは自分の境遇を幸せだと思えず、感謝していないから、きっとひどい人間なのにちがいないと思いこんで大きくなりました。また、自分の世話をしてくれる人にはお金を払わなくてはならないと信じていました。自分はどんなお金ももらう価値がない。幸運にも金持ちのうちに生まれただけで、べつに資格があるわけではない。お金があればいろいろなことができますし、お金のせいで人とはちがう。でもそのちがいは良いとは限らなかったのです。

おとなになったクリスティンはお金を恥辱、罪悪感、よそよそしさ、疎外感と結びつけるようになった。彼女は寂しがったり孤独を感じる権利はないのだと繰り返し教えこまれた。クリスティンの父親はおとなになった彼女に言ったという。「人がおまえに何かを頼むのは、おまえが金をもっているから。それだけだ。もし貧しければ、おまえなんかには目もくれないだろう」

お金そのものは愛も人とのつながりも慈しみも提供してはくれない。お金はクリスティンがいちばん必要なものを与えてくれず、多くのネガティブな行動を生んだ。

たとえばクリスティンは虐待的な人間関係から逃れようとしなかった。わたしたちが会ったとき、クリスティンは全国の二十以上の非営利団体の理事をしていて、めったにうちにいることがなかった。彼女は働き過ぎだったのに、それでもお金以外に価値のある貢献をしていると は感じられずにいた。酒を飲み過ぎていた時期もある。結婚に失敗し、子どもたちからは引き離された。誰かと知り合って友だちになっても、相手が自分個人に好意をもってくれるのか、それとも金のためにつきあっているのか、どうしても確信がもてなかった。クリスティンは、自分にはお金のほかには人々に提供するものが何もないと密《ひそ》かに信じていた。兄弟とは遺産をめぐって争い、お互いの最悪の面をさらけだした。クリスティンには帰属意識を感じられるところがどこにもなかった。

育った社会経済的階級にかんするもう一つの興味深い事実は、わたしたちはそこにとどまりたがる傾向があるということだ。前の章で説明した経済的な快適ゾーンである。生まれ育った階級は、環境が変わってもなお、わたしたちがしがみつく自己意識やアイデンティティと分かちがたく結びついていることがある。

言い換えれば、わたしたちは貧しく育ってのちに金持ちになっても、あいかわらず貧乏人のように考え、行動する。もうそんな必要はないどころか、有害であっても、思考や行動が変わらない。豊かな家庭で育って、のちに財産をなくしたとき、もうそんな力はないのに、あいかわらず金持ちのような暮らしをして、金を使い続ける。

こんなふうに古くて使い物にならなくなったマネーのシナリオに頑固にしがみつくのは、自分のエゴにとっても、人間関係にとっても、経済的な幸福にとっても害になる恐れがある。

■「白馬の王子様」のシナリオ

女性はお金の心配をするものではないとか、経済観念が発達しているのはレディらしくないという考え方は、ありがたいことに時代遅れになった。しかし、すでに成人した多くの女性がそんな考え方のさまざまなバージョンに囲まれて育ったのも事実だ。

デニス パパは女の子にビジネスができるとは思っていなかったし、いまでも思っていません。女性には成功できるほどの感情的な強さがない、と言います。「女性は感情的にもろすぎる」と。父が一人娘のわたしを兄弟とはちがうと考え、別扱いをしてきたのは明らかです。

おまえは絶対にビジネスで成功できるはずがないと父にしょっちゅう聞かされたデニスは、そのために起業家になりたいという夢を押しつぶされ、何十年も経済的に親に依存し続ける結果になった。

マデリン

男女差別主義の父親のもとで四人姉妹の末っ子として育ったわたしにとって、最大の教訓は、セックスは自分がほしいものを手に入れる通貨だ、ということでした。母がそうやって父を完璧に操るのを見ていたのです。それから姉たちが順番に同じことをして、成功した金持ちの若い男性を手に入れるのも見てきました。姉たちは結婚後のいまも同じ役割を演じており、次の世代である若い姪たちにも同じ手練手管を仕込んでいます。

青年期になって働き始めると、わたしが就《つ》いたほとんどの仕事では給料をもらう代償として期待されるサービスの一部にセックスが含まれていることにすぐに気づきました。雇用契約の一部なんです。直接にセックスにたいする支払いを受けたことはありませんが、給料と交換に求められるセクシュアリティを商品として扱うことは、暗黙の了解になっていました。

たとえば大学を卒業して専門職のオフィスで働いていても、重要なのは――少なくとも仕事と同じくらい重要なのは――きれいに化粧して、喜ばれる服装をし、男性上司の関心を引くことなのです。男性上司の浮ついた誘いには色よい返事をすべきであることも知っていました。男性上司の寵愛《ちょうあい》をめぐってオフィスのほかの女性と競争していることもわかっていました。このゲームをうまくやれば、昇進できることも学びました。ついには上司と愛人関係にまでなりました。何が起こっているのか、知らない人はいませんでした。すべては単なる交換であることは明らかだったのです。向こうはほしいものを獲得し、わたしもほしいものを獲得する。お金です。

姉たちと同じように、わたしもお金目当てで結婚しました。ここでも、基本的にセックスはお金と、そしてわたしが安定と思っていた暮らしと交換するものでした。そうしているあいだ、わたしは自分をだましていました。お金をこれほど強く愛情やセックスと結びつけているという事実を一度も認めたことはありませんでした。

やがて、いろいろなワークや内省の結果、わたしの人生の基盤となっている考え方や、それをどこで教え込まれたかに気づきました。それからゆっくりと時間をかけて、すべての人間関係がそんな交換で成りたっているわけではないと思えるようになりました。

いまの結婚は、対等な二人が互いを分かちあうものです——これはわたしにとってはまったく新しい経験で、いまでも信じられない気がするくらいです。


これは極端なケースだが、多くの女性は似たような考えのなかで育っている。経済的な安定を提供するのは男の仕事だとか、**「白馬に乗った王子様」がいつか現れるというマネーのシナリオだ。**そのなかには「お金は男のテリトリー」「いつでも誰かが経済的にわたしの面倒を見てくれる」「お金と愛はイコールだ」というものもある。

このようなシナリオを抱く女性は、誰かが現れて自分をさらって行き、輝かしい新しい人生が始まる、と期待して待つことになる。それで結婚前も結婚後も、経済的に人に依存してしまう。

経済的に依存している女性は、収支のバランスを保つとか、銀行から届く取引明細書を理解するというような最も基本的なノウハウすらなく、すべてを夫任せにする（経済的な依存とその悪影響については、あとで詳しく説明しよう）。この受け身の姿勢はまったく賢明ではない。離婚にいたらない保証はないし、長く続く結婚でも、平均して妻のほうが七年も夫より長生きする。いずれは自立しなければならない日がくる可能性は大きい。そうなったとき、経済的な依存は決して当人にとって良いことではない。

女性だけでなく男性も、ジェンダーに色づけされた経済的な教えを受けて苦労することがある。たとえば「男性が一家の稼ぎ手にならなければいけない」「家族の面倒も見られないのはダメな男だ」「お金だけが人間の価値の基準だ」というような考え方のせいで、男性たちは職場におけるアイデンティティや所得を過剰に重視してしまう。わたしたちの社会は物質的な成功に大きな価値をおくので、そうならないほうが難しい。

だが男性も女性と同じように、心身の健康のためには親密な人間関係を必要とする。それなのに全エネルギーをキャリアに注ぎこんでしまえば、他者と豊かなつながりを築くことはできない。職業的なアイデンティティや業績だけを頼りに自己意識を形成していたら、引退や失業でその基盤を失ったとき、不安になり、落ちこむ。そして苦悩を和らげるような人間関係もないから、精神的な問題はどんどん深刻になり、自殺にいたることさえある。

たとえば一九九〇年代末のアジア通貨危機の際には、男性の自殺率は女性の二倍になった。

さらに心配なのは、現在の無理心中の多さである。経済的に破綻した男性たちはほかに選択肢がないと思いこみ、家族を殺して自殺する。もちろん、近年の金融メルトダウンはこのような恐ろしい犯罪の引き金でしかない。真の原因は、男性が稼ぎ手という立場を過剰に重視することによる、深刻な感情的、心理的アンバランスにある。

■マネーのシナリオは何度でも再現される

これまでのところで、マネー感覚の火種というものがあり、脳はそれを中心に「語り」を創造するが、その「語り」は不正確だったり、非論理的だったり、一部しか真実ではないことが多いと説明した。さらにその「語り」が脳に刻みつけられ、元の火種の経験と似た状況が起こるたびによみがえって、個人史の一部、個人的な伝承の一部となることもお話ししてきた。

子どもが何度も同じ物語を読んで慰めと安心を見出すように、**わたしたちの無意識の心はマネーのシナリオを何度も再現する。**それはおとぎ話と同じように、複雑なおとなの世界を理解し、単純化し、秩序立てる助けになる。潜在意識、動物の脳のレベルで、わたしたちはこのマネーのシナリオを中心に自分の感情や経済的な思考と行動を組み立て、希望どおりの「ハッピーエンド」になることを願う。

だが、現実の人生がそのファンタジーと一致しなかったらどうするか？　多くの場合、無意識の想定を問い直すかわりに、現実をなんとか一致させようと必死になる。

マネーのシナリオは、検討して明確にし、問い直さない限り、決して変化しない。たとえシナリオに気づいて検討したとしても、それを放棄しようとすると、わたしたちは不安になる。サバイバルのための信念をつくりあげる以前の混乱と混沌《こんとん》に逆戻りするのが怖いのだ。いまはおとなだから子どもとはちがってコントロールができて、世界観もあり、知恵もあるのだが、動物の脳は以前のシナリオにしがみつく。

経済的な可能性を最大限に発揮して生きられるかどうかは、シナリオがそっと心に忍びこんできたときに、それに気づくことができるかどうかに左右される。光が当たれば、シナリオはわたしたちの感情や行動をコントロールする力を失う。シナリオとその影響に気づくことで、限りない可能性が開かれる。わたしたちは自分に気づいて立ち止まり、やり直すことができる。**自己破壊的な行動を変えるための第一歩は、思考を変えることにある。**思考を変えれば、目的に沿った人生を意識的に築くことが可能になる。

第2部では、よく見られる十二のマネー・ディスオーダーとその症状、シナリオ（おとぎ話に象徴される信念）、そして触媒となるマネー感覚の火種について詳しく見ていこう。

また、マネー・ディスオーダーの根源的な理由にうまく取り組んで自分を変えた人々のすばらしい事例も紹介する。この成果は感動的だ。研究対象となった人たちは、**気分が改善された、お金にかんする不安が減った、経済的、心理的健康状態がよくなった**など、重要で永続的な変化があったと述べている。

すでにあなたは、いままで紹介した物語や事例のなかに、自分に似た考え方や行動があることに気づいているかもしれない。この先を読み進めるにあたっては、どのマネー・ディスオーダーや行動がいちばん自分にあてはまるか、メモを取っておくといい。第2部を読み終わるころには、自分がどうしていまのような行動をするのかを深く理解して、変化への道に踏みだすことができるだろう。

第2部

マネー感覚不全症候群

言葉の処方箋③

ワーカホリックの人は、生産能力がない人間は価値がないと無意識に信じていることが多い

愛する人に責任をもついちばん良い方法は、一生懸命に働き、仕事のために自分を犠牲にすることだと信じているが、実際には逆だ。仕事が優先されていることに、家族は多くの場合、不満を抱いている。

言葉の処方箋④

誰かが経済的に自分の面倒を見てくれるという思いこみには、高い代償がある

自分の力ではどうしようもない、生きていけないという感覚がつきまとうことが多いのだ。経済的な依存とそれにかんする問題の背景には、学習された無力感が働いていて、そのために悪循環から抜け出すことがいっそう難しくなる。

5 マネーのトラウマが引き起こす問題

誰でもときにはお金についてまちがった判断をする。それはごくふつうのことだし、過ちから学ぶという意味ではむしろ必要かもしれない。

一度、あるいはたまに経済的な判断をまちがったからといって、マネー・ディスオーダーだというわけではない。**パターン化した自己破壊的な経済行動がしつこくついてまわり、それがストレスや不安、悩みの大きな原因になって人生を損なっている場合、それはマネー・ディスオーダーである。**

マネー・ディスオーダーにかかった人は、そのせいでどれほど人生が惨めになっても、まちがった思いこみを捨てられず、不健全な行動を変えることができないように見える。自分でも行動を変えるべきだと知っているのだが、しかし変えられない。あるいは一時的には変えられても、長続きしない。多くは自分の行動をとても恥じていて、他人だけでなく自分自身にさえ隠そうとする。**マネー・ディスオーダーは家族的な機能不全、感情的な混乱、対応戦略の失敗、**

非常につらい子ども時代の体験など、（多くの場合は）これらの要素が重なり合って起こる。

ほかの強迫的行動、依存行動と同じで、マネー・ディスオーダーも過去の未解決の問題が引き起こす症状なのである。

このようなディスオーダーには一種の自己治療的な側面があり、つらい気持ちや心理的苦痛からの逃げ道になる。しかしその逃げ道は一時的なものに過ぎず、しかも感情や人間関係、それにお金の面に、独特の副作用が現れる。

マネー・ディスオーダーの症状としては次のようなことが挙げられるだろう。

○自分の経済的な状況にたいする心配、不安、あるいは絶望。
○貯蓄ができない。
○多すぎる借金。
○破産や債務返済不能、あるいはこの両方。
○家族や友だち、同僚とのお金のトラブル。
○経済的な行動を改善しようとしても長続きしない。

では経済的に健全な状態というのはどういうものだろう？　これについてはソー・ヒュン・ジュ博士とジョン・グレイブル博士がリストアップした要素が参考になる。

○借金が少ないか、ほどほどに維持されている。
○積極的な貯蓄プランがある。
○きちんとした支出計画があり、それを守っている。
○家族／パートナーとのあいだでお金のトラブルがない。
○経済的な満足度が高い。
○経済的なストレスが少ない。

これまで見てきたように、とてつもなく不合理な経済行動でも、その元になっているマネーのシナリオやそのシナリオが生まれた原因が判明すると、当人なりに筋が通っていることがよくわかる。しかしこのような問題行動が習慣化すると、人間関係や仕事、心理的な健康、それに一般的な幸福に（当然、経済的な幸福にも）大きな障害が出る。

未解決の子ども時代の問題や経済的なトラウマその他、過去に経験したマネー感覚の火種がすべてのマネー・ディスオーダーの背景にあるわけだが、マネー・ディスオーダーそのものはさまざまなかたちをとって現れる。

とくに気をつけなければならないのは、マネーのシナリオと同じでマネー・ディスオーダーも重複することだ。さまざまな状況、さまざまな時期に、さまざまな度合いで複数の徴候が現れる。そしてマネー・ディスオーダーはしつこくつきまとうが、いつも同じではない。元になっているマネーのシナリオは（少なくとも意識的に努力してがんばらなければ）めったに変化しないが、マネー・ディスオーダーの症状の現れ方は時間とともに変容する傾向がある。もちろん、そっくり同じという人はいないし、それぞれの人が大きく異なる背景や経験、家族史、世界観をもっているのだから、マネー・ディスオーダーの症状も決して同じではない。

そこで、これから説明や実例をお読みになるにあたっては、一つのマネー・ディスオーダーが自分や自分のお金の問題にぴたりとあてはまるというわけにはいかないだろうから、それぞれのマネー・ディスオーダーに自分の問題や行動、思考パターンとの類似点を探していただきたい。そうすれば、自分の問題についてもいろいろなことがわかってくるはずだ。

わたしたちはこれまでの経験から、よく見られる十二のマネー・ディスオーダーを三つのグループに分けている。これからこの三つを順番に説明していこう。

第一のグループは、お金あるいはお金の扱いを総体的に忌避《きひ》するというマネー・ディスオーダーで、このなかには**経済的否認**、**経済的拒否**、**過剰なリスク回避**、**過少支出（ケチ）**がある。

第二のグループは、お金を使うことやお金やモノをもつことに過剰に取りつかれている人たちのマネー・ディスオーダーで、このなかには**強迫的なためこみ**、**ワーカホリック**、**不合理なリスク・テイク（この極端なかたちが病的賭博《とばく》）**、**それに浪費（この極端なかたちは強迫的買い物）**がある。

最後のグループは人間関係に混乱が生じるもので、**経済的な裏切り**、**経済的な近親相姦**、**経済的なイネイブラー（依存助長）**、**経済的な依存**がある。

次章からの説明でおわかりになると思うが、どのマネー・ディスオーダーも特有の思考パターンと行動パターンから生じている。そして、どこに目を向ければいいかが理解できれば、パターンを発見することはそう難しくない。

6 マネー忌避症候群

この章で取り上げるのは、全体としてお金を否定したり忌避したりするマネー・ディスオーダーである。このマネー・ディスオーダーの元になっているのは、お金をネガティブな感情やつらい出来事と結びつけるシナリオ、言い換えれば、**お金は悪いものだという信念だ。**お金が恐怖や不安を感じさせる力であるとき、お金は悪者になる。悪者だと思うから、避けなくてはならない。お金の問題を処理するのではなく、おとぎ話の多くの主人公たちのように悪者から逃げだす。

このグループに入るマネー・ディスオーダーは、**経済的否認、経済的拒否、過剰なリスク回避、過少支出（ケチ）**である。そしてよく見られるシナリオには次のようなものがある。

■ **よくあるシナリオ**

・**自分にふさわしい場所にいて、正しい理由で、正しいことをしていれば、お金のことはほ**

うっておいてもうまくいくはずだ。
- 家族よりお金持ちであるのは悪いことだ。
- 自分で稼いだお金以外は、ほんとうは自分のものじゃない。
- 少ないお金で暮らすほうが道徳的だ。
- 金持ちのほとんどは不当に金をもっている。
- 金持ちになると、たいせつに思う人たちとのあいだに溝ができる。
- わたしは金持ちになる資格がない。
- 遺産や保険金が入って喜ぶのは、誰かの死を喜ぶのと同じだ。
- お金は人を堕落させる。
- お金をもつと人が変わり、自分が嫌っている人と同じになってしまう。
- 善人はお金のことなんか気にするべきではない。
- 金持ちになると、人が自分を愛しているのかお金を愛しているのかがわからなくなる。
- 必要以上にお金をもつのはよくない。
- お金があったり、お金のために働くと、自分の仕事が「穢《けが》れる」。
- 人は他人を利用して金持ちになる。
- お金は諸悪の根源だ。
- 愛を得るかお金を得るかで、両方は得られない。

- **自分のためにお金を使うなんて、とんでもないことだ。**
- **お金については、誰も信用できない。**

マネー忌避症候群を示すクライアントの経済的な信念を調べてみたところ、興味深いパラドックスが見つかった。

お金を貯めたいとは思わない、自分の価値にふさわしいお金を受けとっていない、仕事にたいして支払いを受けることに罪悪感を覚えるという人たちの多くは、同時に次のような一見矛盾するシナリオをもっていたのだ。

- **わたしの真の価値は、純資産とイコールである。**
- **もっとお金があれば、もっとうまくいくだろうに。**

このようなシナリオをもっている人たちは（意識的あるいは無意識的に）お金を忌避するだろうが、**多くは同時に、もっとお金があれば人生はうまくいくだろうにと、自分の経済状況に恨みがましい気持ちを抱いている。**

さらによくあるのが、自分の経済的条件を、学校制度や、けちな会社、腐敗した政府、感謝を知らないコミュニティなど外部の権威のせいにして責める傾向だ。これはお金にかんする行動がはらむ問題の二面性、つまり人の欲望や価値観、行動、信念がお互いに矛盾する格好の例だろう。信念と行動が矛盾すると、自分の人生を自分でじゃまするこ とになり、富を蓄えるのは至難の業になる。

■お金のことを考えない

否認は古典的な防衛メカニズムで、目的は自分の問題にかんする不安や恥辱を減らすことだ。経済的否認があると、お金の問題を矮小化《わいしょうか》したり、経済的な現実と向き合わず、できるだけお金のことは考えまいとする。だから**経済的否認をする人たちは、銀行の取引明細書やクレジットカードの請求書を見ようとしないことが多い。昇格の交渉もしない。パートナーとお金の話をすることもない。貯蓄や富を蓄えることを避ける。とにかく、お金のことはいっさい考えたくないのだ。**

だが防衛メカニズムのほとんどがそうであるように、経済的否認もほとんどの場合は裏目に出る。問題を無視していると、問題は解決するどころか悪化するからだ。たとえば現実を見たくないから請求書や取引明細書を開けてみようとしない人は、延滞料を払わされたり、銀行口座の残高がマイナスになって金利を払わされたりして、さらに借金を増やす結果になる。

また、緊張や不安を解消しようとして否認に走る人は自分の回避行動を合理化するが、そのためにますます真実が見えなくなる。そして問題を解決しようとするかわりに回避し続けたり、症状を否定するので、さらに否認が強化されて深みにはまってしまう。そのうちに忌避が無意識のうちにプログラムされて自動化する。典型的な悪循環だ。言い換えれば、**否認は短期的には効果があるかもしれないが、長期的に見れば惨憺たる結果になる。**

経済的否認の根は、お金にかんする混乱あるいは無知にあることが多い。混乱はふつう子ども時代に経験したさまざまなマネー感覚の火種――**お金について矛盾したメッセージを受けとる、おまえはお金のことなど考えなくていいと言われる、お金にかんする行動で恥ずかしい思いをするなど**――から生じる。ハリスの例を考えてみよう。

ハリス

母と継父のお金の扱い方を覚えています。二人とも、あるときはお金のことをすごく心配して怯《おび》えているかと思うと、次にはいい加減になってどんどんお金を使うということを繰り返していました。やたらとお金を使って、そのあとパニックになるのです。そしてもう使い過ぎはやめようと決意するのですが、でもまたやってしまう。見ている子どものわたしはとても混乱しました。経済的な習慣を変えようと決意しても無駄だし、変えるのは不可能だ、結局衝動に負けるのだから、と教えられたようなものでしたから。

最初、わたしも一緒にローラーコースターに乗っているようで、緊張して不安になり、それから気楽にリラックスするという繰り返しでした。でも、だんだん物事がわかってくると、混乱がますますひどくなりました。なにしろ矛盾したメッセージばかり受けとるのですから。「ほしいものは何でも手に入れるべきだ」、だが「ほしいものは手に入らない」。それにどのメッセージも現実離れしていました。

わたしは何が正しくて何がまちがっているのか、わからなくなりました。そのうち、二人のドラマに巻きこまれるものかと思い、もう何も感じなくなったのです。二人が心配していても気にしないし、景気よく大盤ぶるまいしてもべつに興奮しませんでした。もう振りまわされるのはごめんだと思い、お金についてはどんな感情にも巻きこまれるものか、と考えたのです。

いまにいたるまで、わたしは落ち着いて予算をたてたり、「ほんとうにこれだけのお金があるのかな？　これからの計画は？　これを買うのは計画にはないな。だから、やめておこう。それとも計画のなかにおさまるから、買ってもいいかな」などと話し合ったりするのが苦手です。そしていままでも、どうすればいいのかよくわからないんです。以前よりはましになってきましたが。

たしかにお金の心配をしないというのは楽しい生き方です。九五パーセントの時間はあらゆる心配ごとを頭から締めだして、何もかもきっとうまくいくさと信じていればいい。信じるのはいいことだと思いますが、しかし現実に行動したり関心をもったりせずに、ただ信じているだけでは、うまくいかないんです。

でも、お金の心配をせず、お金のことを考えないほうが生きやすいのは事実です。物事をきちんと考えて賢くお金を活用する煩《わずら》わしさから逃げられます。ある意味では、緊張を避けるのにも役立ちますし。「大変だ。このままいくと、両親は大変なことになるぞ。一緒に命を落とす前に、この列車から飛び降りるべきだ」と気づくことによる緊張とかね。基本的には緊張を減らすのに役立ったんですが、いろいろと悪い習慣がついたのも確かです。おかけで減ったはずの緊張が、結局は増えてしまったんです。

ハリスは親からお金について矛盾したメッセージをたくさん受けとっていたが、お金をどう扱うかという訓練はまったくできていなかった。親たちはときには湯水のようにお金を使ったかと思うと、次にはお金を使ったことに腹を立てる。きちんとした対応のパターンはまるでならしかった。さらに、経済的な取り引きとそうでない関係をごっちゃにして、息子にもっと勉強するなら車を買ってやると言ったりした。これではますます混乱がひどくなる。

不安を減らし、受けとっている混乱したメッセージを理解して、ローラーコースターのように激変する感情に対応しようとしたハリスは、お金なんか重要ではない、お金のことは考えないほうがうまくいくと考えるようになった。そこで、お金にかかわるすべてを避けた。

これは子どものころには有効で適切な反応だったかもしれないが、この忌避はおとなになっても続き、お金にかんすることを否認し続ける結果となった。ハリスが指摘しているとおり、**否認によってその場はお金にかんする緊張が和らげられる。だが長い目で見れば、問題を増や**

すことにしかならない。

経済的否認のもうひとつのかたちは、パートナーの一人が家計にほとんど、あるいはまったく関心を払わず、もう一方がお金にかんするすべてを取り仕切っているときに起こる。別居や離婚、パートナーの死亡など、なんらかの理由で家計にタッチしていなかった者が残されると、それでなくてもつらい状況なのに経済的な無知が大きなストレスとなってのしかかる。離婚の場合、夫婦の資産について何も知らない配偶者はごまかされて損をする恐れがある。

極端な経済的否認は解離のかたちをとる可能性がある。解離はトラウマにたいする反応としては珍しくないもので、本質的には「フリーズ」の極端なかたちだと言える。混乱や脅威の原因から物理的に離れることが難しいか、不可能な場合には、解離によって、感情的、精神的に「その場から姿を消し」て逃げることができる。

混沌や激情に耐えられなくなると、わたしたちは心理的にその場の状況から自分を切り離す。これは問題があることを否認する究極の方法だ。すると感情的な麻痺《まひ》や自己意識の喪失が起こる。

たとえば、「誕生日には何がほしいの?」などというような、ほんのちょっとでもお金に関係することを聞かれると、解離が起こる――聞かれたほうは完全に頭が真っ白になって何も考えられず、答えられない。お金にかんする個人的なこと――「あなたにふさわしい給料はどれくらいだと思いますか?」「仕送りはどれくらい必要かしら?」――を聞かれても、同じ反応が起こるだろう。

だからといって、当人にほしいものがないわけではない。自分にふさわしい給料を考えられないわけでもない。どれくらいの仕送りが必要かもわかっていないわけではない。だが否認があまりに強いので、「ニーズ」を明確にせよと迫られると、「機能停止」してしまう。

解離は、自分ではどうにもならない感情的な体験への反応としてよく起こる。そして対処メカニズムの多くがそうであるように、解離も極端な状況では役に立つ(たとえば戦闘中の兵士は周辺の暴力から自分を引き離すことによって、任務を果たす――解離は生存のためのたいせつな防衛メカニズムでもある)。だがほとんどの場合、解離は有用性を失ったあとまで残る。

■お金を拒否する

私たちの社会がお金に大きな価値をおいていることを考えれば意外かもしれないが、経済的拒否はよく見られる。皮肉なことに、**わたしたちは誰でもお金がほしいが、同時にお金をもつことに罪悪感をもつようにプログラムされている人も多い。**そこから問題が生じる。自尊心をうちのめされた人たちはこの障害にかかりやすい。こういう人たちは自分には価値がないとか、お金を含めた人生の良いものを手に入れる資格がないと感じている。

経済的拒否のなかでもとくに驚くべき事例は、キャシー・トラントのケースだろう。夫のダンは九月十一日の同時多発テロのときに世界貿易センタービルにいて亡くなった。悲劇のあとの数カ月に、キャシーは賠償金や寄付金などで五百万ドル近い額を受け取った。二〇〇五年六月、彼女の手元に残っていたのは五十万ドルだった。残りはどこへ消えたのか？　キャシーはダンと住んでいた家を必要もないのに改築して、面積を三倍に広げた。新しい服も取り揃えた。靴だけでも五十万ドルかかった。眠れないので、夜遅くまで通信販売のカタログを見ては注文していた。生まれ故郷のエルサルヴァドルで不動産を買いたいと言ったメードに一万五千ドル渡し、ラスヴェガスのマッサージ師には豊胸手術代として数千ドルのチップをやった。数人の友だちをスーパーボウル観戦旅行に招待し、七万ドルを散財した。キャシーは自分でもよくわからないまま、壊れたようにお金を使った。「わたしは夫を取り戻したかった」とキャシーは言う。賠償金は「ほしくもない、血に汚れた金」だったのだ。

経済的拒否は、（キャシーのように）とつぜん手に入れた財産の浪費、無意識の「清貧の誓い」、資産獲得回避など、いろいろなかたちをとる。多くの場合、その奥にあるのは**「お金は悪」というシナリオだ。**程度の差はあれ、**お金は悪だと信じていると、お金持ちも悪だということになる。**お金にかんする行動がこういう思いに影響されているなら、資金を蓄えず、「たまたま」手に入った財産を楽しもうとしないのも、しごく当然だろう。

次の物語は、「お金は悪」のシナリオを完璧に表現している。

ニール

両親の離婚で、わたしたちの暮らしは中産階級から下層階級の「崩壊」家庭のそれへと変化しました。そのころは、いまほど離婚家庭が多くなかったのです。うちがよそよりも貧しいのは、学校のほかの子どもたちと鉛筆やペン、消しゴムを比べただけでも、またみんなはたくさんズボンをもっているのに、わたしには二着しかないことでもよくわかりました。

それでわたしは、世のなかには二種類の人間がいるんだと思うようになりました。わたしたち……そしてあの人たちです。「あの人たち」なら楽な暮らしができるのです。

また、子どものころ、宣教師のことや彼らがどれほど苦労しているかを聞かされ、そしてほんとうにタフな善人だけに伝道という仕事ができるのだと教えられました。言い換えれば、刻苦精励《こっくせいれい》が善で、お金は悪だということです。わたしは自分がタフであることを知っていたし、おとなになってからは、お金を稼ぐことにいつもどこかで罪悪感を覚えていました。ほんとうは宣教師になるべきだったからです。いまは妻とわたしは人を助ける専門職についていますが、たとえ人を助けていても、生存に必要なレベルを超えたお金を稼ぐことに関心をもつのは恥だという感覚があります。

ニールは子どものころ、**金持ちは人生のほんとうにたいせつなことを経験していない、最大の美徳は貧困と苦労にある**と教えられた。そこでおとなになってからも、お金を稼ぐことに強い罪悪感があった。わたしたちが会ったときのニールは、浪費、将来のための貯蓄をしない、チャンスを逃す、そして富を嫌悪するなど、自分を損なうマネー行動の見本市のようだった。

経済的拒否は、自分にとって心地よい社会経済的な環境、わたしたちが言う経済的な快適ゾーンに留まりたいという無意識の欲望から生じることがある。この快適ゾーンはふつう育った環境で決まる。とつぜんちがったゾーンに――多額の資産を手に入れるか、失ったかして――移行すると、そこではルールも期待も責任も以前とはちがうから、ひどく居心地が悪く感じる。意識的に新しい環境に適応する努力をしない限り、古い衝動が意思決定を左右する――そして多くの場合は、お金の面で損をする。

典型的なケースは、何百万ドルものお金を浪費して、結局は破産するプロのスポーツ選手だろう。たいていのプロスポーツ選手は地味な環境で育って、一夜にして何百万ドルもの金を手にする。だがNFL選手の約八割は引退後二年以内に破産するか、深刻な経済的苦境に陥る。そしてNBA選手の約六割は五年以内に破産する。**彼らは新しい環境に適応できず、富がもたらす新しい問題や責任と直面したときの落ち着かなさや不安に取り組めないので、たちまち財産を使い果たしてしまう。**

元プロフットボール選手はこう言っている。「一度、J・P・モルガンの人と会ったことがあるが、話を聞いてもまるでちんぷんかんぷんだった。フットボールに熱中していて、最初の一年はあっというまに終わった。最初の基本年俸は四百万ドルだったが、銀行の通帳を見たときには、あれ、どういうことだ？……と思った」

お金はすべて消えていた。社会的圧力や親族からの圧力、それにお金の扱いにかんする無知が重なって、これらの若者たちは結局スタート地点に戻ってしまう。とつぜん棚ぼたで――宝くじの当選金、賠償金や遺産など――資産を手に入れたほかの人たちも、同じように経済的拒否の行動をとることが多い。

経済的拒否のひとつは清貧の誓いで、これは人を助ける専門職の人たちによく見られる。たとえばわたしたちの調査では、**ソーシャルワーカーや教育者はほかの専門職よりも、お金や金持ちにたいしてネガティブな見解をもっていることが多い。**本書のはじめのほうに登場した、金持ちの医師がゴルフをしているあいだに生まれたばかりの弟を亡くした経験をもつポールを覚えておられるだろうか？　成人したポールは人を助ける職業につき、同時にお金を遠ざけるようになった。

ポール

わたしはいつも料金設定が苦痛でした。「こんなにもらっていいのだろうか？　あの人たちはとても貧しい。ほんとうはただにしてもいいくらいだ」と思うのです。それで街のセラピストのなかでは、うちは最低料金でした。

それで、自分のマネーのシナリオと取り組んだあと、自分の料金表を見直しました。

見直したといってもほとんど変更はないのですが、いまは自分には価値がないから、と思って決めているのではありません。それどころか、わたしは街のほかのセラピストの誰よりも価値があると思っています。料金設定が以前と同じなのは、わたしがどんな人を相手に仕事をしたいのかを考えて、意識して決断した結果です。クライアントのほとんどは回復しかけている依存症患者やアルコール依存者で、ほとんどはうちの料金を支払うのも大変なんです。料金を上げれば、この人たちは来られなくなります。ほかの層のクライアントをつかめるかもしれませんが、そういうちがう層を相手に仕事をしたいかどうか、確信がもてません。わたしはいまのクライアントと仕事をするのが好きなんです。

非常に大きなちがいは、それが意識的な決断だということです。以前とは、そこがまったくちがいます。

ポールのケースは、**マネーのシナリオを意識することが重要**だと教えている。そうすれば感情的な傷を癒すことができるし、無意識に決めてしまうのとはちがって、慎重に検討してから行動を選択できるようになる。たとえ結果としての行動は変わっていなくても、それにともなう感情はずっと健全になるし、マネー・ディスオーダーに動かされて行動するのではなく、前よりも健全な、良い決断ができるはずだ。

クリスティンは、マネー・ディスオーダーに共通する振り子のように揺れる不健全な対応の完璧な例だ。彼女は非常に裕福な、しかし不幸な家庭で育ち、家庭の財産に恥ずかしさと戸惑いを感じていた。その結果、おとなになったクリスティンは激しくお金を拒否するようになった。お金と孤独や排斥をまちがって結びつけていたからだ。

クリスティン　わたしにとって最大の悪口は、金持ちのろくでなし女、でした。それで、わたしは逆の極端に走りました。高校のとき、親は高価な服装をさせたがりました。わたしは親に言われた格好でうちを出ますが、学校に着く前にみすぼらしいオーバーオールに着替えました。わたしはオーバーオールしか着たくなかったのです。お金にはネガティブな思いしかありませんでした。お金をもつことに罪悪感があったので、無意識のうちに人にやってしまいました。お金を人にやってしまうのはとても上手だったし、そうすると清められたように気分がよかったのです。

一方、4章に登場したエレンはまったくちがった理由で富を避けた。彼女の母親は、「必要ならどんな手段をとってでも」自分と子どものために金を手に入れようとした。その手段のなかには一生懸命に働くことだけではなく、知り合いをだますこと、雇用主から盗むこと、借金を踏み倒すことまで含まれていて、そのために繰り返し逮捕された。母親の仕事が数カ月以上続くことはめったになかった。母親が仕事を失うと、家族も三カ月か四カ月で引っ越さなければばならなかった。母親は福祉制度も悪用し、長女のエレンに、お金をもらうために係員に嘘を言うことを教えた。

娘のエレンはこのような行動を恥ずかしく思い、おとなになってからは、お金を不正や詐欺と結びつけて考えるようになった。それでエレンはお金を拒否した。誰にも不正にお金を得ていると言われたくなかったからだ。エレンにとって最悪の出来事は、不正を行っていると非難されることだった。

エレン

あるとき、わたしは仕事をしたのに報酬を受けるのを断りました。同僚の努力を支援したかったし、お金が必要な貧乏人に「見える」のがいやだったからです。そのプロジェクトで働いたほかの人たちにも報酬があったはずですし、誰も断りはしなかったと思います。あとになって、自分がしたことに気づいたとき、自分に猛烈に腹が立ちました。

でも、全体的に見れば良くなっていると思います。わたしのクライアントは低所得なので、ただでいいですよ、といつも言いたくなります。うちは所得に応じた公平なスライド型の料金表を決めていますが、それでも未払いの料金を放棄することがよくありました。

今年、わたしは料金をきちんと守り、搾取されたとは感じないやり方で、自分が望む公共の奉仕のための仕事をしました。クライアントもけじめを守ることを評価してくれますし、わたしも以前より仕事を楽しめるようになりました。

富を拒否する人たちの行動は、清貧の誓いをたてた人たちの行動によく似ている。この人たちはマネー感覚の快適ゾーンの外につながる昇進や成長のチャンスを求めなかったり、あからさまに拒否して、自分でキャリアにガラスの天井をつくる。高い資格があるにもかかわらず、低所得の仕事にとどまることもある。報酬の良い仕事である程度成功しても、自分で自分の仕事をだめにしてしまったりする。

こういう人たちは無意識のうちに、自分の才能を充分に発揮せずにいることを選択する。心の奥では成功と成功がもたらす経済的な利益を恐れているのだ。

一部の金持ちセレブの乱行がマスコミで伝えられると、「金持ちは悪」だという信念がさらに強化される。ビリオネアの子どもや孫が大金を浪費し、利己的な贅沢三昧の暮らしをしているのを見ると、わたしたちは自分のつつましい環境に優越感を覚える。**超大金持ちへの恨みがましさが正当化され、そんな金持ちでないほうがいいのだ、と自分を安心させることができる。**

金持ちの子どもや孫でも充分に意味のある満たされた人生を送っている人たちのことはあまり報道されない。だが、じつはわたしたちのほうでも見ようとしていないのではないか？　そのようなケースは「富は人間関係や人を破壊する」というシナリオと一致しない。そのシナリオを信じていれば、わたしたちは自分の境遇に満足していられる。だが、マイナス面もある。この歪んだ結論がエゴや道徳的優越感を助長し、富を獲得して楽しむ能力を制約するからだ。

■お金が使えない

お金を使い過ぎる人、借金がある人が珍しくないこの国で、「お金が使えない」のが自己破壊的な行動だというのは、ちょっと奇妙に聞こえるかもしれない。結局のところ、収入より支出が少ないというのは健全な経済の基本原則ではないか？

理屈ではそうだが、支出が少ないのも極端になると、使い過ぎと同じように人を貧しくする。使い過ぎとちがって、お金を使えない人には貯金はたくさんある。だが、**もっているものを使って楽しむことを拒否するために、気持ちは貧しい。**

問題になるほどの過少消費（ケチ）は、地味に暮らそうという決断とはべつものだ。倹約生活を選ぶのは、もっているものをできるだけたいせつにするというリソース管理法である。ここで鍵になるのが「選ぶ」という言葉だ。「過少消費」がなぜ不健全かといえば、経済的拒否と同様に、たいていは潜在意識のなかの不合理な恐怖や不安、自分は幸運に値しないという罪悪感、あるいは強迫的な自己犠牲衝動から生まれているからである。

グエン　わたしは小さな街で育ちました。うちの家族は会社を経営していて、街を走りまわる配送車のすべてにうちの苗字が書かれていました。誰かと友だちになっても、相手がわたしを好きになってくれたのか、それとも苗字のせいなのか、わかりませんでした。

最初の記憶のひとつは、母と一緒に銀行に行ったとき、窓口係が「おたくを訴えて裁判を起こしたら儲かるでしょうねえ」と言ったことです。そんなふうに家族の財産について人にあれこれ言われた経験はたくさんあります。要するに「あなたがたは金持ちだ。きっと気楽に暮らしているんだろう」ということです。わたし自身はぜんぜんそんなふうに感じていなかったのに。

それやこれやで、わたしはやがて、お金は持ち主を人の目にさらす、だから隠しておかなくてはいけないと考えるようになったんだと思います。いまでも目立つものは買いませんん。いい車も買わないし、素敵な旅行もしない。お金があることを見せびらかしたら、きっと格好の標的にされて、お金を盗られてしまうと強く感じるからです。さらに、もしそんなことになっても誰も責めることはできない、悪いのは自分だから、と思うんです。

グエンのケースは、「金持ちのパラノイア」の典型的な事例だろう。**お金に不自由せずに育った人の多くは、人間関係に不安を抱いていることが多い。**「自分に好意をもってくれているのか、それとも家族の財産のせいで愛想良くしてくれるのか?」と考える。それで自分に財産があることを隠すために、また「見せびらかす」まいとして、お金を使わず、おしゃれな服もすばらしい車も遠ざける。

身の危険にかんするグエンの思いも、マネー感覚の火種とマネーのシナリオによく見られるパターンを示している。**金持ちはお金があっても安全ではないと考え、貧乏人はお金がないから安全ではないと思う。**ほかの多くのマネーのシナリオと同じで、どちらもある意味では真実だが、ある意味ではまちがっている。要するにほかのさまざまな条件によるのだ。

お金を使えない人は、もっている資産で自分やほかの人たちの暮らしを良くすることができない。ぼろ家に住んで、みすぼらしい服をまとい、必要があっても歯医者にも医者にも行かずに貧しく暮らしていた人が亡くなってみたら、何百万ドルもの財産が残されていた、という話はよくある。これがお金を使えない、過少消費（ケチ）ということだ。

象徴的な例は、チャールズ・ディケンズの『クリスマス・キャロル』に出てくるエベネザー・スクルージだろう。彼はかなりの金持ちなのに、貧乏人のような暮らしをしている。ディケンズは書いている。「暗ければ金がかからないから、スクルージは暗いのが好きだった」スクルージは暖房もせずにがらんとした陰気な家に住み、粗末なものを食べ、基本的な快適さすら拒否している。**お金の使い過ぎと同じく、使えないのもつらい過去に原因がある。**

ディケンズはスクルージのマネー感覚の火種をいくつか提示している。父親の虐待、不足だらけの子ども時代、孤独、そして欠乏である。この経験から逃れるために、スクルージは守銭奴になり、お金にすべての感情的資本を投じた。おかげで財産を築くことはできたが、いつまでも貧しく暮らそうと決意し、ごく簡素な日常的必需品にすらお金を使うことを拒否する。彼にとっては、お金と別れるのは友だちを失うのと同じなのだ。

どれほどお金があっても、スクルージのつらい子ども時代が残した傷は癒されない。**過去から解放されるためには、過去を訪れなければならないのだ。**

■リスクを回避しすぎる

マネー忌避症候群のもうひとつの障害は過剰なリスク回避で、理屈も何もなく、お金にかんしてはどんなリスクも取らないという症状を示す。経済的否認の人はクレジットカードの明細書を開くのでさえ恐がるが、**リスク回避に取りつかれた人はどんなわずかなリスクにもとてつもない不安を感じる。**政府保証のある預金口座にお金を預けるのでさえ心配でたまらない。

お金にかんして保守的なのはふつうは良いことだが、この人たちは度を越している。たいていは失くすよりは何もしないほうがましだと教えられていて、いつまでもフリーズしたままでいる。そのためいくらチャンスが転がりこんできても、すべて逃してしまう。

グエン　わたしはお金にかんする恐怖や不安のまっただなかで育ちました。父と母がビジネスの難しさや法的責任などについて話し合うのをよく聞いていたのです。両親は夕食のときにそんな話をすることが多く、子どもたちには、おとなの会話に口をはさんではいけません、と言っていました。わたしはそんな会話がいやでしたが、やめてと言える立場ではないと感じていました。

そんな子ども時代の体験から、わたしはビジネスにかんする法的責任にとても神経質になりました。超がつくほど法規を守るのはいいのですが、安全第一で、リスクを取ろうとしない傾向があり、そのために多くのチャンスを逃してきました。それに、当然もらっていい料金よりも安くすることも多いと思います。高い料金を取らなければ、相手は過剰な期待をしないだろうし、だから訴えられるリスクもあまりない、と考えてしまうのです。

これまで説明してきたほかの不健全な行動と同じで、**過剰なリスク回避も、子どものころに周囲のおとなを観察して感じた不安と結びついている。**グエンは自分ではそのつもりがなくても、裁判沙汰にたいする両親の不合理な不安を内面化し、さらにその不安をリスク・テイク一般に広げてしまった。

投資の失敗で大損をしたり、ベンチャービジネスで破綻した家族を見てきた人たちは、その結果として過剰なリスク回避に走るかもしれない（もう一つの例は、前にもお話ししたように極端から極端へ「振り子のように揺れる」傾向だ）。

病的賭博者の子どもの多くは、リスクを回避するおとなになる。リスク・テイクが家族をどんな目にあわせるかを体験してきたので、逆の極端に引き寄せられるのだ。

7 マネー崇拝症候群

こちらは、お金を稼ぐこと、貯めること、使うことに重要性をおきすぎる障害だ。共通しているのは、**お金を安全や自尊心、それに幸福と同一視するマネーのシナリオから生じている**ことである。おとぎ話の比喩《ひゆ》を使えば、「魔法使い」のシナリオと言ってもいい。

シンデレラのお話に出てくる魔法使いを考えてみよう。魔法使いが杖《つえ》を一振りすると、カボチャが贅沢な馬車に、ぼろぼろの服がすばらしいドレスに変身する。マネーのシナリオでは、お金にも魔法使いのようにすべてを変身させる特別の魔力があるとみなしている。その根っこにあるのは、**自分の言動や義務、責任、限度と関係なく、魔法の杖の一振りで札束が現れてすべての問題が解決する、**という考えだ。

これは子どもの理解で、お金を道具と考えるのではなく、魔法の力があると思いこんでいる。真夜中を過ぎるとカボチャとぼろに戻ったシンデレラの馬車やドレスと同じで、お金に託した安全や安心の思いも一時的な幻に過ぎない。お金だけが解決策と考えて、「お金さえもっとあれば、すべてがうまくいく」と思いこんでいると、問題から目をそらすだけの結果になる。

サリー

月末になるときまって、母と兄弟たち、それにわたしは、父のオフィスに給料の小切手を取りに行きました。父はいつもクッキーやチョコレートを用意していて、わたしたちは好きなだけ食べることができました。働いている人たちもみんな親切で、わたしはとても幸せで安らかな気持ちになったのを覚えています。その日は母も幸せで安らかな気分だったせいでしょうね。給料日には、母はお金をもらって次の月の計画をたてることができます。母に言わせれば、給料が充分だったことはないのですが――母はいつも、このお金で六人家族に食べさせるなんて奇跡でも起こらなければ、と言っていました――それでも、いつもお祝い気分の日であることは確かでした。

わたしが大きくなるころ、父が失業しました。それでも父は、だいじょうぶ、なんとかするから心配するな、と言っていました。わたしは父を信じましたが、やっぱり不安でした。たしかに学校や食べ物、住まいについてはなんとかなりました。でも、ストレスの大きな時期でした。あるときはぜんぜんお金がないと思えば、充分にあるときもある、というぐあいでした。

そのころ、母は感情的にわたしたちから離れてしまいました。父が浮気をしたので、そのことで頭がいっぱいになってしまったのです。家族はばらばらになりました。父はとてもよそよそしくなり、ときどき怒りを爆発させます。まるで怪物と一緒に住んでいるようでした。うちのなかにはいつも緊張感が漂っていました。

祖母が亡くなって、母がお金と遺品を相続しました。それまでは、母は自分のお金というものをいっさいもったことがなかったのです。経済的には父に依存していたので、夫婦関係が破綻しても別れられませんでした。お金が手に入ったとき、母は自分の家を建てて独立して住むようになりました。自分のお金をどう使うかも自分で選ぶようになって、とても安定したようでした。いまも母はその家で暮らしています。

とつぜんお金が手に入って――相当額の遺産を相続して――サリーの母親は満たされない結婚を解消し、経済的独立を達成した。それにサリーは、父親の給料日を家族みんなが幸せなお祝い気分の日として覚えている。だからサリーの動物の脳が「お金がもっとあればうまくいく」という結論を出したのも不思議ではない。

このおとぎ話のせいで、サリーはおとなになっても、母親のようにとつぜんお金が入って救われるのを無意識に待つようになった。「いまでもときどき、誰かがわたしを救ってくれれば、何の心配もなくなるのにと思います」とサリーは言う。「でも、おとぎ話のようなことは起こらないんですね」

サリーのケースは、お金が人の心のなかでどれほど簡単に幸福と結びつくか（実際にはそんなことはないのだが）を物語っている。このマネーのシナリオを検討せずにほうっておくと、ためこみ、ワーカホリック、それに何よりもお金や金持ちを必死で追い求める結果になる。

■よくあるシナリオ

- もっとお金／モノがあれば、もっと幸せになれる。
- お金については人は信用できない。
- いくらあっても足りない。
- お金を儲けるにはお金が必要だ。
- 安定は退屈だ。
- 人生は短い。もっと楽しもう。
- 誰かが勝ち組になる。わたしだって勝ち組になりたい。
- がんばり続けていれば、きっとわたしの天下がやってくる。
- わたしはとにかく幸運だ——勝ち組だ。
- 必死で働かなければ、充分なお金を手にすることはできない。
- 必死で働かなければ、人に怠け者と思われる。
- わたしの価値はわたしの純資産の価値とイコールである。
- 人生でほんとうにほしいものを手に入れる余裕は、いつまでもできないだろう。

- **お金についてパートナーに隠し事をしてもかまわない。**
- **誰かにお金を使うことが愛情を表す方法だ。**

■ 強迫的なためこみ

動物王国には、「リスのようにためこむ」など、人間のためこみの比喩として使われる習性がある。しかしリスはせっかくの宝物をどこに埋めたか忘れてしまうことが多く、おかげで実のなる木が新しく生えてくる。人間のため込みには、こんな成果はない。

強迫的なためこみは、ふつうなら良しとされる行動（貯え）も極端になると不健全だという例の一つだろう。**お金を貯めるのはいいが、しかし使うことも必要だ。**また予備のトイレットペーパーを準備しておくのはいいが、天井まで積み上げておくのはどうかと思われる。

ためこみにはさまざまなかたちがある。お金だけをためこむ人もいるし、強迫的にさまざまなもの（たいていは奇妙なもの）をためこむ人もいる。

強迫的なためこみをする人のなかには、浪費や強迫的買い物をする人たちもいるが、重要なちがいは、強迫的なためこみでは買い物やお金を使う行動ではなく、**たまったモノが安全や安心を与え、不安を解消してくれることだ。**はたから見ればどれほど無用のモノでも、強迫的なためこみ症の人は持ち物――雑誌や百ドル札、ミッキーマウスのフィギュア――に強くこだわり、なくなったらと考えただけで不安でたまらなくなる。

このようなためこみ症の人を知っていれば、何かを捨てさせるのがいかに至難の業かよくおわかりだろう。たまりにたまったモノが散らかって収拾がつかなくなれば、当惑したり恥ずかしい思いをするかもしれないが、**ためこんだモノは愛情や好意その他、当人の人生に欠けている何かの身がわりなのだ。**だからためこんだ持ち物に理屈にならない愛着を感じている。ためこむ人にとっては、たんなるモノではない。彼らはそこに感情的な意味を見出しているのだ。ためこむ人は家族にも知らせない「秘密の隠し場所」をつくったり、うちのなかを誰にも見せない（批判させない）で、持ち物を守ろうとすることがある。またためこむ人は持ち物にある種の責任を感じていて、捨てるのは裏切り行為だと思っている。

そんな人たちの家はためこんだモノであふれ、ふつうに暮らすことができなくなっている。ひどくなると、危険で住むこともできない。ベッドや椅子に近づくことができず、廊下は通れないし、モノで覆われて床も見えない。

強迫的なためこみの決定的な原因を指摘するのは困難だ。遺伝的な要因があるという研究もあり、強迫性障害の症状の可能性もある。わたしたちが仕事で出会ったケースでは、**ためこむ人は子ども時代に貧乏や遺棄か裏切り、あるいはその両方を経験している場合が多かった。**たとえば極端に貧しい家庭から里子や養子として引き取られた子どもたちにはためこみをする者が珍しくない。わたしたちは、冷蔵庫でも戸棚でも自由に開けることができるのに、部屋に食べ物を隠していた里子や養子を大勢知っている。この子たちは幼いときの体験で、食べ物は決して充分にはないと教えられているので、なくなって飢えたらどうしようと不安になる。その不安は合理的な根拠がなくなっても消えない。

ルイスは恵まれた家庭で育ったが、両親をよそよそしくて冷ややかだと感じていた。そこで子どものルイスは、両親の収集癖を通して親に近づくことを覚えた。そしてモノに感情的な安定を連想する習慣はおとなになっても続いた。ルイスは何でも収集する。絵画、彫刻、古い流し台、古い鏡、中古の家具、使い古しのポットや鍋、杖、新聞、ありとあらゆるものを収集するのだ。

ルイス

父と母はモノを収集していました。わたしも田舎やアンティークショップに連れていかれましたが、まだ小さいし男の子でしたから、やんちゃで親を手こずらせたのでしょう。それで両親はわたしにも、辛子が入っていた小さなガラス瓶を集めさせることにしたのです。ガラス瓶は五セントか十セントで買えました。アンティークショップで目当ての品物を探させておけば、おとなしくしていたわけです。おとなになってからも、収集品を探しに行くときはいつでもいい気分です。とてもくつろいだ気持ちになれます。それで異常なほど収集にのめりこみました。

ためこみ癖は父親からも受け継いでいると思います。第二次世界大戦中は砂糖やパイナップルの缶詰などがなかなか手に入りませんでしたから。わたしの覚えている限り、父はいつもトイレットペーパーや缶詰なんかを大量に買いこんできました。モノがなくなるかもしれないから、というようなことは言ったことがありません。家族は父の行動を受け入れていましたが、陰では笑っていました。いま、わたしが家族に笑われているのと同じです。そういう行動は父から受け継いだんでしょうね。

ルイス自身は大不況や戦時中の物不足という厳しいつらい経験をしていないが、それでも父の行動を見習って、その時代に影響されている。４章で見たように、子ども時代の経験によってできた経済的習慣に、わたしたちはおとなになってからもしがみつく。

大恐慌とその後の戦時中の物不足によって、強迫的にためこまずにはいられない人たちが大勢生まれた。アルミホイルを洗ってしまっておく人たち、百ドル札をコーヒーの空き缶に入れてうちのあちこちに隠しておく人たち、そして何十年も金融機関が信じられなくて避けている人たちだ。

現在の金融情勢が新たな世代の、いやさらにその後の世代の強迫的ためこみ屋を生まないことを祈りたくなる。

■ 行き過ぎたリスク・テイク

競馬やルーレットは楽しみのためのリスク・テイクで、ほどほどならべつに悪いことではない。だがリスク・テイクが行き過ぎると大きなダメージを与える、わたしたちの言う「行き過ぎたリスク・テイク」とは、家賃や子どもの大学の授業料を競馬につぎこんだり、株の売買資金にあてたりするように、**大きな利益を追求しようとして不必要な経済的リスクを冒すことだ。**

ふつうに言うギャンブルのほかにも、不合理なリスク・テイクにはさまざまなかたちがある。デイ・トレードで相場を見て株を売買しようとするのもそのひとつだ。「お金が二倍になります」というありそうもないハイリスクの話に乗る、というのもある。

これほどわかりやすいものではなくても、お金や経済状態を不必要なリスクにさらす行動はほかにもある。銀行に預金がないのに多額の小切手を切るとか、将来のボーナスや昇給をあてにしてお金を使うこともそうだ。予想できなかった理由で小切手が不渡りになったり、あてにしたボーナスや昇給が実現しなければ困ったことになるという意味では、これもある種のギャンブルにはちがいない。

要するにブラックジャックのテーブルでも、ショッピングモールでも、**現実に自分のものではないお金を使うのは信じられないほどリスクが高い。**あたりまえの話だ。

人が行き過ぎたリスク・テイクをする理由はいろいろある。失われた時間や市場での損失を取り戻そうとする人たちもいる。幸運が続くと、自分の運を過信して慎重とはいえないリスクを取る人もいる。

皮肉なことに、リスク・テイクが悲観主義や運命論の結果だという場合もある。「**どうせもっているものはいつかなくなるんだから、リスクを冒したってかまわないじゃないか？**」というわけだ。

また虚しさや落ちこみ、不安を解消しようとして、行き過ぎたリスクを取る人たちも多い。リスクを冒したときにアドレナリンの分泌が増えてハイな気分になると、一時的にエネルギーに満ちあふれて、人とのつながりもでき、健やかさを取り戻した気になれるのだろう。

2章で、わたしたちの脳はありもしないパターンやつながりを見出す傾向があると説明したが、このために何らかの出来事が起こったり結果が出たりしたとき、自分の行動を過大評価することがある。行き過ぎたリスクを取る人の多くはこの極端なケースで、大当たりすると、**現実には運がよかっただけなのに、自分のスキルや手腕のおかげだと思いこむ。**そして自分は頭がいいから市場を出し抜けると信じて、また次のリスクを冒す。

このような自信過剰のリスク・テイカーは自分が正しいと確信し、次の投資はきっと当たると思う。またたいていは、知り合いがすべてを賭けた大勝負で大当たりしたというような十八番のストーリーがある。この人たちは刺激がほしくてたまらず、狩りのスリルに中毒していて、次の大勝負を思って胸を躍らせる。それだけが行き過ぎたリスク・テイクの原因ではないが、しかし非常によく見られるパターンだ。スチュワートの行動の原因の大きな部分もそこにある。

スチュワート

母はよく「お金はそのへんの木にぶらさがっているわけじゃないのよ」と言いましたが、若いころのわたしにとっては、お金はそのへんにぶらさがっているも同然でした。父はそうとうに羽振りがよく、わたしは経済面では現実を見る必要がなかったのです。自分では買えない、またふさわしくない車を父が買ってくれました。大学時代には、母がいろいろと荷造りして送ってくれましたが、そのなかには百ドル札が何枚も入っていました。だから家族が経済的にはローラーコースターに乗ったような変化を経験していても、わたしにはたいした影響はないと思っていました。

大学を出るとすぐにウォール街に就職し、大金を稼ぎました。会社が別の会社に吸収されたときには、多額の退職金をもらいました。株式アナリストとしては、さらに多くの収入を得ることができました。レバレッジの高い多くの投資に失敗したせいで、いまはすべてを失ってしまいましたが。自分でも気づかずに、わたしは父の体験を繰り返していたのです。

ごく最近までは、父と母がしていたのとそっくりの口論をしていました。わたしが「たしかに見こみは小さいが、きっとうまくいくさ。黙って見てなさい」と言い、妻が「だめ、うまくいくはずはないわ。お願いだから、これ以上のリスクを冒さないで」と言うんです。でもわたしは妻の言葉を無視して、さらに投資を繰り返してしまう。

たぶん、このシナリオのいちばん有害で破壊的な部分は、「隣のあいつより頭がよければ、金なんか簡単に儲かる」というところでしょう。だから、自信過剰になってしまったのです。

自分にはよくわかっていると信じていました。自分は将来を見通しているから、隣のやつより先に曲がり角がわかる、というわけです。それがとんでもないまちがいなんですが、わたしにはまだわかっていませんでした。


スチュワートが子どものころ、家族は地味な暮らしをしていたが、父が大成功したのち、スチュワート自身はずっと経済的な現実から守られていた。その父のやり方を見習ってスチュワートもすぐに自信過剰になり、自分の成功は上げ相場が長く続いたからではなく、すべて自分の能力のおかげだと考えた。

多くの行動経済学的研究によって、このような反応はよく見られることで、自信過剰のトレーダーはもっと現実的な仲間よりも売買の回数が多く、それによって自分は市場を出し抜いているという幻想をもつことが明らかになっている。しかし現実には気まぐれな市場の変化により、長期的な利益は減ってしまいがちだ。

■病的なギャンブラー

病的賭博となると、行き過ぎたリスク・テイクはきわめて破壊的になる。病的なギャンブラーにとって、**賭博は依存性のあるドラッグと同じなのだ。**彼らは賭博をしていると気分がいいから、あるいは問題から逃れられるから賭ける。そしてアルコール依存者が酔うのに必要な酒の量がどんどん増えていくように、興奮を維持するためにますます多くの金を賭けなくてはならなくなる。ギャンブルしていることを隠したり、資金を得るために違法な行為に手を染めることも多い。人口の五パーセントは一生のある時期に賭博で問題を起こしたことがあり、二パーセントは病的賭博者だという。

調査によると、**トラウマ体験やPTSD（心的外傷後ストレス障害）があると病的賭博の問題が起こる可能性が高く、トラウマを治療すると病的賭博が大きく減少する場合がある。**

わたしたちのクライアントのギャンブラーたちが語るマネー感覚の火種のなかで典型的なのは、勝利のスリルを最初に見聞きしたり味わった体験だ。多くの場合、それはちょっとした幸運が続いたことから始まるのだが、当人はたまたま運が良かったのだとは思わない。自分には賭けに勝つ才能があると思いこむ。そして成功の高揚感に中毒してしまい、高揚感が一時的に不安から解放してくれることもあって、自分は成功を繰り返すことができると信じてしまう。そこで、いくら損をしても賭博を繰り返す。

アーロン

最初にスロットマシンをしたときのことは、一生忘れないと思います。スーパーボウルが行われる土曜日で、カジノのスロットマシンのあたりにはほとんど人がいませんでした。ラスヴェガスは初めてで、友人が有名なカジノに連れていってくれたのです。友人はスロットマシンのやり方を説明してから、ぶらぶらどこかへ行ってしまいました。わたしは十ドル分の二十五セント硬貨を用意して始めたんですが、二ドル分くらい使ったとき、レバーを引いたら機械が動かなくなりました。ブザーが鳴って、警告音が響き、わたしは仰天しました。そっとその場を離れようかとも思いました。きっと機械が「偽造硬貨」を検知したんだと考えたからです。まわりを見まわしても、友だちの姿はありません。何人かがこっちをじっと見ています。天井にはビデオカメラが設置してあったので、逃げても捕まると思い、その場にじっとして騒ぎがおさまりますようにと願っていました。警備員がやってきて、「いま何をしたのか、わかっているのかい?」と聞きました。

わたしは、「そんなんじゃないんですよ！　ぼくは友だちにもらった二十五セント硬貨で遊んでいただけなんだ」と答えました。

警備員は「友だちってのはどこにいる?」と聞きます。知らないと答えると、警備員は嘘だろうという表情でわたしを見ました。それから、いま何をしたのかわかっているのか、と再び聞くので、わたしも、いや知らないと断言しました。彼は、「そりゃ問題だな」と言うんです。

わたしはがたがた震えていましたよ。きっとインチキをしたと疑われたんだと思ったし、『カジノ』という映画を見たばかりだったので、自分も砂漠のどこかで死体になって発見されるんじゃないかとぞっとしました。警備員は機械をいじって出てきた紙切れを取り、機械を停止してから、「一緒に来てくれ」と言いました。警備員の前を歩かされて、檻《おり》みたいに囲われたエリアに行くまで、みんながじっとこっちを見つめていましたよ。警備員はカウンターの向こうにいる男と何か話をして、紙切れを渡し、それからこっちに来いとわたしに合図しました。「あんた、大当たりしたんだよ。ここで金をくれるから」って言うんです。するとカウンターの男もうなずき、百ドル札を数えはじめました。全部で十二枚です。二ドル使って、千二百ドルですよ。信じられない。それで、病みつきになりました。

やっと友人を見つけて、大当たりしたと話すと、彼はわたしがわかっていてうまく当てたみたいな態度になったんです。それからわたしはスロットマシンで大当たりした男として有名になりました。それで、自分でもその気になってしまい、どこの台が「当たる」のか、どこのカジノがいちばん儲かるかを知っているつもりになったんです。それがギャンブル依存症の始まりでした。

病的賭博は、この本で取り上げるなかでも最も破壊的な障害のひとつだ。もし自分には病的賭博の危険性があると感じたら、ぜひ精神科のプロの助けを求めるとともに、ギャンブラーのためのサポート・グループの十二段階回復プログラムをチェックしていただきたい。

■ワーカホリックという依存症

ワーカホリック（仕事依存症）はわたしたちの社会が評価し、人々が進んで認めるどころか自慢にさえ思う数少ない依存症の一つだ。だが、これもほかのコントロールできない習慣と同じくらい有害なことにちがいはない。

ワーカホリックは仕事に没頭するあまり、家庭生活や育児、レジャー、それどころか睡眠にあてる時間さえほとんどなかったりする。その結果、夫婦間不和や不安、落ちこみ、仕事のストレス、仕事への不満、健康問題などを抱えこむ。

ワーカホリックもまた、もう一つのおとぎ話のシナリオから生まれる場合がある。**もっとお金があれば自分も家族も幸せになり、自尊心を高められ、有能で愛される価値のある人間になれるという思いこみだ。**

だが、これは幼稚な誤解にすぎない。お金が幸福や安全を保障しないのと同じく、お金で人間の価値を測ることはできない。この種の根深い感情的なニーズをお金で満足させようとしたら、いくら稼いでも、いくら金持ちになっても、決して充分ではないだろう。果てしなくランニングマシンに乗って走り続け、幸せを実現するためにもっともっと稼ごうとして、もっともっと働かねばならず、それでも幸せはどんどん遠ざかっていく。

仕事と経済的な成功だけに人生を捧げるのは、幸せを実現する道ではない。前にも触れたとおり、何十年にもわたる社会科学の研究は、**所得が貧困ラインから脱出したあとは、お金と幸福には直接的な関係はまったくない**ことを明らかにしている。年間五万ドル稼ぐ人が年間五百万ドル稼ぐ人より必ず幸せか、あるいは不幸かといえば、決してそんなことはないのだ。

しかしお金を追求するのは、ワーカホリックの一面でしかない——しかも、最大の特徴でもない場合が多い。あなたがワーカホリックなら、きっと暮らしのどんな場面よりも職場にいるほうが気分がいいのだろう。どこよりも職場のほうが人間関係がよく、自分は有能だと感じ、ものごとをコントロールできてうまくいき、帰属感が味わえるにちがいない。

ワーカホリックの人は、生産能力がない人間は価値がないと無意識に信じていることが多く、そのために仕事をすればするほど自分は価値があると感じる。愛する人に責任をもついちばん良い方法は、一生懸命に働き、仕事のために自分を犠牲にすることだと信じているが、実際には逆だ。仕事が優先されていることに、家族は多くの場合、不満を抱いている。

ほかの依存症と同じで、ワーカホリックも感情的なつらさや劣等感を仕事で解決しようとする。働くことでアドレナリンが出てハイになるが、そのあとは疲れ果ててつぶれてしまい、苛立ちや不安や落ちこみを感じる。そしてそんな感情から逃れるためにまたも過剰に仕事に打ちこむという悪循環に陥る。ほかの薬物依存症と同じで、仕事が神経を鎮めて内なる悪魔を沈黙させる唯一の方法になるのだ。

ワーカホリックは家族全体に影響が及ぶことが多い。ワーカホリックの人は――意図してかどうかは別として――「Aが五つで、Bが一つだって？　このBはどうしたんだい？」などと言うことで、非現実的で達成不可能な完全主義を子どもに伝える傾向がある。こう言われた子どもは自分が失敗者のように感じる。そして自分はダメな人間だと思いこみ、成功し生産的でなければ価値がないと考える。だから、その気持ちを解決するために我を忘れて仕事に打ちこむか、物質依存症や行動依存症になったりする。

だがほかの多くの障害と同じで、ワーカホリックも対極の体験の反応として起こることがある。親やその他影響力のあるおとながきちんと働いていない場合だ。子どもは意識するとしないとにかかわらず、怠け者の親に恨みや軽蔑《けいべつ》の念を抱くようになり、そのために対極の働き過ぎに走る。

レスリー

両親はわたしがまだ小さいころに離婚しました。父は働くときは一生懸命に働くのですが、すぐに仕事をやめてしまうのでした。子どものわたしに必要なものを買う充分なお金がないと言いながら、仕事をやめて自由に好きなことを始めるのです。母は福祉制度の世話になって暮らしていました。わたしは短期間、母と暮らしましたが、母のような暮らしもいやだと思いました。

わたしは両親のようにはなりたくない、と決心しました。成功して、成功者に見えるようになろう、と。わたしは一生懸命に働き、ときにはフルタイムの職と同時にパートタイムでも仕事をしました。大学にきちんと通いながら、アパートの管理もしました。わたしは働き者なんです。でも、働き者過ぎました。なかなか人を信じられなかったし、あまり友だちもいなかったから、自分を犠牲にして雇い主に尽くしてしまったのです。

週に六十時間も働き、たとえ自分の信条に反していても、頼まれれば何でもしました。ある株式公開企業で働いていたとき、文書に他人名義でサインしてくれと頼まれたこともあります。偽造ですけれど、わたしは頼まれたとおりにしました。けじめがなくなっていたのです。

経済的な安定と成功を追求したレスリーは、真の自分を捨ててしまった。ほとんど友だちがいないので、人とつながりたいという欲求をすべて仕事や仕事仲間に向けていた。そのために、自分自身の、そして社会的な善悪の基準さえふみにじることになった。資産を増やすことで自尊心を強化するどころか、正反対の結果を招いたのである。

■浪費家

浪費は、自分や他者に過剰なお金を使うことで安心、安全、愛情、充実感を感じようとする試みである。わたしたちのクライアントで浪費家の人たちの多くは、プレゼントをしたりもったりすることで人間関係が変わる気がしたというマネー感覚の火種をもっている。

もう一つのよくある火種は、欠乏の体験や、子ども時代に何かをもっていなかったために非常につらい思いをしたことである。「適切な」服を身に着けていなかったためにからかわれたりいじめられたりしたとか、ほしくてたまらない何かさえ手に入れれば幸福になれると思いこんでいた、ということだ。

浪費家のクライアントはたいてい、こんなふうに言う。「あのときあそこで、あれを手に入れるためなら何だってする、と決意したんです」子どもに過剰に金をかける人たちは言う。「子どもたちにはあの日の自分のような思いをぜったいにさせない、と決めたのです」

お金についての極端な混乱も、浪費という結果を招くことがよくある。

アリソン　お金とは何なのか、お金を恐れるべきなのかどうかについて、わたしはとても混乱したメッセージをたくさん受け取っていました。わたしはいつもお金をもつことが怖かった。お金の存在がトラブルのもとだと感じていたようです。でもそんな思いの裏側には、お金がなければいつも不安でびくびくしていなければならない、という考えもありました。

わたしはほんとうに必死で働き、お金のために生活のいろいろなことを犠牲にしてきました。**お金がないと大変だという恐怖が真の原動力でした。**とにかく自立したかったので、そのためのお金を手に入れようとして夢中で働きましたよ。ところが得たお金をもっていられないんです。洋服や新しい家具に散財し、みんなに高価なディナーをおごり、週末の旅行に招待しました。ただで人にあげてしまうこともありました。お金を手放してしまえば、お金について考えなくてすむからです。

同じ年頃の友人たちは将来のために貯蓄をしていると言いますが、わたしにはそんなものはありませんし、どうすれば貯金ができるのかもわかりません。自分が落ちこんでいる悪循環から抜けだすことが可能なのかどうか、ぜんぜんわからないのです。

アリソンのような浪費をする人は、お金との関係についての思いが混乱していたし、いまでも混乱したままだ。

一方では、お金やお金で買えるもので幸福になれると思っている。ところが支出をコントロールできないので破産することも多く、そうなるとお金のことが心配でたまらなくなる。アリソンの家族は、**お金について無視と強迫的なこだわりという極端から極端へと揺れ動いていた。**浪費家の背景としてよく見られる状態だ。

単純にお金なんか大事ではないと思っている人たちもいる。だから、勝手気ままに使ったってかまわないではないか、というわけだ。やはりお金について混乱したメッセージを受けつつ育ったステファニーについて考えてみよう。離婚後、彼女は貧困のどん底に落ちてホームレスになった。だが、そこから立ち直ると、とめどなくお金を使いだした。

ステファニー　もう一つ、わたしのマネー感覚に影響を与えたのは、相当額の遺産をもらった同僚の「たかがお金じゃないの」という言葉でした。いい言葉だと思い、胸に刻みこんだのです。

たかがお金と考えると自由になったように錯覚しました。お金なんていつだって手に入ると信じたかった。たかがお金、そう思えば、考えなしにいくらでも使っていい気がしました。やっとつらい厳しい時期を乗り越えたのだから、もう警戒しなくていい。そう思えたのです。同僚の詳しい経済状態を聞いたことはありませんが、でも相当な額を相続したことは知っていましたし、自分にはそんな可能性はないこともわかっていました。わたしはただ、彼女のように何の心配もしないでいたかっただけなんです。

ステファニーの**「お金は大事ではない」というシナリオ**は、短期的には自分の経済状況を心配せずにいるのに役立ったかもしれないが、長い目で見れば浪費をあおり、合理的な将来計画をたてる妨げになっただけだった。彼女の行動には、同僚のモットーを信じていれば、自分も同僚のように多額の遺産を相続できて**「すべてめでたしめでたしとなるという魔法のような思考」**の要素もあった。

浪費の徴候の一つは、お金を使うという「行動」をとても重視することだ。浪費する人は、ショッピングという行為によって他者や自分自身とのつながりを感じようとすることが多い。

お金を使う人のまわりには、よくショッピングという活動を中心とした「コミュニティ」ができる。お気に入りの店とその店で働く人たち、ショッピング仲間、あるいはショッピングをテーマとしたオンラインのソーシャル・ネットワーク。また浪費する人たちは決まったレストランでランチをとる、ある順序で店舗をまわるというように、ショッピングを一種の儀式にすることもある。お気に入りの店の店員を友人のように思ったりもする。なにしろ店員とはファーストネームで呼び合う仲で、お買い得の品が入りますよと友人のように電話をくれたりする。お気に入りの店に行けば、にこやかに特別待遇をしてもらえる。趣味がいいとほめてもらえる。ゴールドカードやプラチナカード、特別の地位などがあって、**買い物をすれば店の人たちを幸福にしてやれる。自分は特別だ、重要人物だ、愛されていると思える。**

オンライン・ショッピングも同じように依存の対象になり得る。人との接触は多くないだろうが、しかし大きな利点がある。二十四時間、買い物ができるのだ。それに一対一の人間関係という報酬もまったくないわけではない。

買い物はほとんどインターネットでするというクライアントがいた。それでUPSやフェデックスなどの宅配便業者が定期的にやってくる。彼女はその人たちを友だちとみなしていた。そして冗談のように、**毎日いちばんよく顔をあわせるのは宅配業者で、夫よりもなごやかに長い会話を交わすほどだと言った。**

浪費は悪循環になることがある。浪費する人たちは、お金を使いたくなると抵抗できない。**お金を使いたい気持ちをコントロールできず、次にはコントロールできなかったことへの不安を紛らすためにまたショッピングをする。**ほうっておくと、強迫的買い物依存症になる恐れがある。

■強迫的買い物依存症

強迫的買い物依存症は、浪費がステロイドで筋肉強化されたような状態だ。浪費する人がたびたびお金について不安を感じるなら、強迫的買い物依存症の人たちは、つねにお金の不安に怯えている。皮肉なことにその不安からのわずかな逃げ道の一つがショッピングで、だからショッピングが強迫観念になり、何が何でも買い物をしたいという衝動に抵抗できず、支出をコントロールできない。

強迫的買い物依存症の人はたいてい過去の体験から、ショッピングという儀式がトラウマやうつ、人間関係や人生への不満、虚しさからの一時的な逃避になることを学んでいる。ワーカホリックにとっての仕事と同じように、ショッピングが感情的な虚しさを埋めるドラッグになる。

強迫的買い物依存症の人たちが買い物をするときの喜びを考えたり予想したりすると、脳のなかで気分をよくする「ドーパミン」という化学物質があふれる。ところがドーパミンはすぐに消えてしまい、当人はさらにドラッグを求めずにはいられない。ショッピングはそんな猛烈なスリルを与えてくれるので、実際にハイな気分を味わうことができる。

だがそのあとすぐに、たいていは自尊心の低下や後悔というかたちで、必ず感情的な落ちこみに襲われる。強迫的買い物依存症の人たちは治療しないでほうっておくと、債務過剰、経済的な苦境、破産、人間関係の破綻、離婚、仕事に集中できないなどの問題につながり、場合によっては裁判沙汰になることもある。

残念ながら、いまのような消費社会では強迫的買い物依存症はあまり珍しくない。アメリカでは二十人に一人（うつ病とほぼ同じ率）で、七五パーセント以上は女性だ。さらに強迫的買い物依存症はとくに若い人たちのあいだで増えている。高校生を対象とした最近の調査では、四四パーセントが強迫的買い物依存症の基準のどれかにあてはまったという。

ここで、強迫的買い物依存症が驚くようなねじれた症状を表す場合があることも指摘しておこう。この人たちは実際の買い物はめったにしない。問題は買い物自体ではなく、実際に店舗に行くにしても、カタログを見るにしても、テレビショッピングの番組を見るにしても、インターネットであちこちのサイトをめぐるにしても、あるいはそれらの組み合わせにしても、そこにとんでもない時間とエネルギーを（仕事や人間関係、その他の生産的な活動を犠牲にして）費やしてしまうことだ。

強迫的買い物依存症は、ほかの依存症や強迫性障害と同じで、心理セラピーや向精神薬、債務者のためのサポート・グループなどさまざまな取り組みで治療することができる。

支出をコントロールできないと感じたら、買い物をしたいという衝動と実際の買い物とのあいだに時間をおくといい。たとえば、感情的なニーズを買い物で埋めようとしていると気づいたとしよう。どうすればいいか？　友だちと話す、日記に考えや感情をぶちまける、思い切ってわあわあ泣くなど、もっと健康的な手段はないか、自分で考えてみよう。

またショッピングに行くなら、クレジットカードはうちにおいて、現金をもって出かけること。調査によれば、クレジットカードやギフトカードではなく現金を使って買い物をすると、約三〇パーセント、支出額が低下するのだ。

8 人間関係マネー不全症候群

このマネー不全症候群に入るもの——経済的な裏切り、近親相姦、イネイブラー（依存助長）、依存——には複数の被害者がいる。言い換えれば、この症候群に苦しむ人たちは、問題のある行動で自分だけでなくほかの人々にも感情的、経済的な被害を及ぼす。

さらに、これらのマネー・ディスオーダーは他者との人間関係と——また人間関係にかかわる感情と——複雑にからみあっている。**この種の人たちはお金にかんしては、愛する人にさえ秘密主義だったり不正直だったりすることがよくある。**

おとぎ話のテーマにたとえれば、フランスの物語「青髭《あおひげ》」に出てくる「鍵のかかった部屋のシナリオ」だとわたしたちは考えている。この物語の青髭は金持ちだが根性の悪い貴族で、恐ろしげな青い髭を生やしている。彼は居城に六人の妻を連れてくるが、どの妻もあとかたもなく消えうせる。最後に青髭は地元の娘を娶《めと》り、娘の両親に金の入った袋を与える。娘は城のなかを好きなように歩きまわれるが、しかし重い鍵をかけた部屋だけは例外だ。青髭は妻がその部屋に入るどころか、部屋について尋ねることさえも禁じる。もちろん、娘は好奇心に勝てない。まもなく青髭は若い妻に城の鍵を渡して旅に出る。青髭は妻に、秘密の部屋の鍵を開けてはいけないと警告する。妻は我慢しようとするが、やがて鍵を開けてしまい、六人の妻の血まみれの死体を発見する。青髭が気づいて、娘も殺そうとするが、娘の兄弟が悲鳴を聞いて駆けつけ、逆に青髭を殺害する。

この種の物語（パンドラの箱の物語もそうだ）は、わたしたちはみな、親しい人々も知らないほうが無難なほど危険な、あるいは恥ずべき秘密をもっているという考え方を植えつける。人間関係マネー不全症候群のうちの二つ――イネイブラーと依存――には、おとぎ話の「白馬の王子様」の要素もある。**自分や他人をコントロールしたり救出するパワーをお金に付与しているのだ。**だがお金をめぐる大きな恐ろしい秘密という、「鍵のかかった箱」のテーマも存在する。すさまじい影響力をもつ謎に満ちたお金という感覚を、イネイブラーは強化し、依存者は吸収する。そしてどちらも恥や罪悪感のせいで、授受する額の大きさを人には隠そうとする。

多くの人にとって、お金は深く隠された恥と秘密の源であり、そのためにわたしたちの社会ではお金について話すことは最後のタブーになっている。たぶんみなさんは、自分の性生活や胃腸の問題について平気で細々と話す人をご存じだろう。そういう人でも、収入はどれくらいですか、と聞くと「あなたに関係ないでしょう！」と不機嫌になるのではないか。

この秘密主義は家族のなかでも貫かれていることが多い。わたしたちのクライアントのなかには、成人したあとでさえ両親がいくら稼いでいたのか、また稼いでいるのか、まったく知らない人がたくさんいた。小さな子どもに家族の経済問題を詳しく知らせて負担に感じさせたりしないほうがいいのはもちろんだが、お金を口にすることもできない恥ずべき秘密のように扱うのもやはり健全ではない。その結果、よく見られるマネーのシナリオができあがり、自分だけでなく親しい人々にも大きな影響を与えて苦しめることがある。こんな例を考えてみよう。

キャロル

わたしはお金はぜったいに秘密にすべきものだと感じていました。姉がひどく叱られたのを、それどころか母に頬を叩かれて、部屋に引っこんでいなさいと怒鳴られたのを見たことがあります。高校生の姉が学校で経済を勉強して帰ってきて、「パパはどれくらい収入があるの？」と聞いたからです。あれほど怒った母を見たことがありませんでした。

二十三歳のとき、わたしは父が設立した基金の保険関係の書類にサインしろと言われました。わたしは経済的なことを知りたかったし、情報が必要でした。それに好奇心もあって、書類の意味を聞きました。すると父は激怒して言ったのです。「ここにサインしないと、おまえは厄介なことになる、という意味だ」あとになって姉から（姉は夫に聞いたそうです）、わたしにはサインしないという選択肢もあり、二十一歳を過ぎていたので、サインしなければある額の現金がもらえたはずだと教えられました。父はわたしがそのお金をほしがっていると考えて怒ったのでしょう。

そういう体験からわたしが学んだのは、「**お金について口にしてはいけない。お金は秘密だ**」ということでした。また「お金について尋ねると、強欲な人間だと思われる」ということも学びました。それで、わたしはお金について聞くのをやめました。

キャロルは経済的なことを勉強したかったにもかかわらず、お金を処理したり、お金について話したり、それどころかお金について考えることさえ気楽にはできなかった。自立すると、彼女は多額の遺産を浪費し、破産宣告を受けた。

エイミーもまた、家族の経済状態について知りたいと思ったとき、沈黙の壁にぶつかった。

エイミー　両親は決して、うちにどれくらいお金があるかを教えてくれませんでした。聞いても、答えはいつも「充分」でした。十六歳になって奨学金を申しこもうとしたとき、父に書類の記入を手伝ってくれと頼みました。すると父は「無駄だよ。お父さんの収入が多すぎる」と言いました。

「多すぎるって……どのくらい、パパ?」

「そうだな……とにかく多すぎるのさ」

わたしは子どものころから、お金のことはたとえ家族にも秘密にすべきだと叩きこまれたのです。


お金については口にすべきではないと教えられて育ったら、おとなになったとき、お金については愛する人たちにさえ、秘密主義になったり不正直になったりするのも当然ではないか?これが、お金は秘密だとか恥だと考えることの大きな弊害《へいがい》の一つだ。

人間関係マネー不全症候群は、お金が人をコントロールする手段として使われたときにも起こることがある。とくに家族の場合だ。悲しいことに、お金を与えたり与えなかったりすることで子どもをコントロールしようとする親は決して珍しくない。

お金は現代社会では非常に強い影響力をもっているから、簡単に虐待の手段になる。重度の精神病なのに治療を受けていなかった母親に育てられたリタという女性から、胸の痛む話を聞いたことがある。リタの母親はパラノイア(偏執病)で、一人娘をコントロールしようとする気持ちが強く、その手段としてお金を利用した。

リタ 子どものころ、母がよそのお母さんとちがっているのはよくわかっていました。母は誰も抱きしめたことがなく、「愛している」と言ったこともないし、ときには何日もわたしにも父にも一言も口をきかないことがありました。すべてについて偏執的でした。いつでも誰かが何かを盗もうとしたり、母を利用しようとしていると思っていたのです。また信じられないほど支配欲が強く、わたしがどこに行くのか、誰と一緒なのか、必ず知りたがりました。わたしは良い子だったし、たいていは一人で、うちにいたくないばかりに図書館かどこか思いつく場所にいたのですが。

一九六〇年代のイスラエルでしたから、うちにはそんなにお金がありませんでしたが（当時はみんながそうでした）、でも暮らしていくだけのものはありました。もちろん母は家計は自分が管理すると主張し、がっちり守っていました。お金がなければ、わたしは友だちと映画にもカフェにも行けません。そうやって母はわたしがどこに行くか、何をするかをいつでもコントロールできたわけです。

わたしが母から最初にいくらかお金を渡されたのは、父が末期の脳腫瘍で入院しているときで、母は病院に見舞いに行くバス代をくれたのでした。それまでお小遣いをもらったことがないので、バス代に使ってしまうなんて、もったいなくてできませんでした。それで病院まで歩き、お金は自分のささやかな贅沢に使いました。古本を買ったりサトウキビを買ったりしたのです（めったにない、すばらしい楽しみでした。いまでもざらざらした甘さを思い出します）。ただ問題は、病院まで数キロあって一時間も歩かなくてはならないので、父と一緒に過ごす時間がほとんどなかったことでした。いま思えば、わずかなお金を節約するために病院まで歩いたことで、父の最後の貴重な時間をどれほど無駄にしたかよくわかり、自分を赦《ゆる》せない気がします。当時わたしは十三歳か十四歳でした。

■よくあるシナリオ

・いま子どもの世話をすれば、いつか子どもが自分の世話をしてくれるだろう。
・相手のためにどれくらいお金を使うかで、愛情の量が測れる。
・相手に経済的な責任を負わせたら、拒絶されるだろう。
・相手のためにお金を使うことで、自分の人生が意味のあるものになる。
・友だちや家族をひきとめる方法の一つは、プレゼントしたりお金を貸したりすることだ。
・お金なんて、いつも誰かに頼ればいい。
・わたしには自分のお金を管理する能力がない。
・家族のなかの恵まれない者の世話をするのは、わたしの義務だ。

■経済的な裏切り

お金との関係は複雑だから、人がお金のことを秘密にしたがるのは不思議ではない。実際、多くのカップルがお金についての話し合いを避けるのは、いろいろとめんどうな感情が生じてくるからだ。

しかし人間関係のなかでお金について隠したり嘘をついたりし続けると、わたしたちが「経済的な裏切り」と呼ぶマネー・ディスオーダーになる可能性がある。**自分の出費や金銭関係にかんして故意に、あるいはなんとなくパートナーに大きな隠し事をし続ける症状である。**

わたしたちが「経済的な裏切り」と呼ぶのは、合意した予算の枠外で大きな買い物をしたり、高額な買い物の値段をごまかすというように、大きな経済的秘密をもち続けることを指す。なかには追加のローンを組んだり、確定拠出型年金（４０１ｋ）を解約して現金化したり、パートナーの了解も得ずにこっそりと危険な投資をする人たちもいる。どれも経済的な裏切りだ。

経済的な裏切りが発覚すると、人間関係の土台が揺らぎ、信頼はすべて崩れる。お金についてパートナーに嘘をつかれていたと知れば、もう一方のパートナーは当然「これについて嘘をついていたのなら、ほかにも嘘をついているのではないか？」と意識的、無意識的に疑う。それに経済的な裏切りがばれなかったとしても、秘密やごまかしだらけの暮らしは不健全だ。

経済的な裏切りは、もともとお金とは関係ない理由で人間関係に信頼がなかったために生じることも多い。たとえばわたしたちが知っているある女性は、証拠は何もなかったが、夫が自分をだましているのではないかと疑っていた。彼女はもし別居や離婚ということになったら自分の経済状況はどうなるかと心配し、自分の名義で秘密の口座を開設した。そして何年も、自分の自由になるお金をその口座に貯め続けた。そのなかには亡くなった伯母が遺してくれた、夫には内緒のかなり多額の遺産も入っていた。彼女はお金にはまったく手をつけなかったから、国税庁の調査官が来なかったら、夫にその口座のことを気づかれずに終わったかもしれない。じつは彼女は金利にかかる税金も、相続税も払っていなかった。家計の調査が行われたとき、彼女はすべてを白状するしかなかった。当然夫は信頼を破壊する重大な裏切りだと感じて激怒し、夫婦の不和が解消するまでには何年もかかった。

皮肉なことに、経済的な裏切りが驚くほど多い理由の一つは、**お金が人間関係のもめごとの原因のナンバーワンだという事実**にある。わたしたちは仕事上、経済的な裏切りのケースをたくさん見てきた。ある女性はわざと新しい靴の底に引っかき傷をつけていた。そうすれば夫に「新しい靴を買ったの?」と聞かれたとき、その傷を見せて、「これが新しい靴に見える?」と答えることができる。彼女は新しい靴じゃないとは言わないのだから、「嘘をつくわけではない」と自分の行動を正当化していた。べつの女性は買い物をするとき、一部を現金で支払って値段をごまかした。本来の額よりは少ない小切手帳の金額を見る夫は、妻がバーゲンでしか買い物をしていないと思わされていた。ある男性はインチキな税還付申告書に妻のサインを偽造したし、別の男性は結婚するまでフィアンセに自分の破滅的な経済状態を隠していた。また密かにクレジットカードを持ちだし、請求書の明細を共犯者の住所に送らせていた人もいる。

この人たちは、経済的な誠実さということにかんしては古典的なジェンダーのパターンを示す。一〇〇一人を対象とした『マネー』誌の調査では、男女を問わず回答者の四〇パーセントがパートナーに買い物の額を少なく言ったことがあると答え、一六パーセントは配偶者に知られたくない買い物をしたことがあると言っている。男女とも経済的な不誠実さを認めているのだが、しかしやり方はちがう。**女性は夫に服やプレゼントの額を実際より少なく告げるのにたいし、男性は車や娯楽、スポーツのイベントの出費について嘘をつく。**そして配偶者に内緒で一〇〇〇ドル以上使ったと認めるのは男性のほうが二倍近く多く、女性のほうは夫に内緒で使ったのは一〇〇ドル以下だと答えている。

お金について嘘をついたりごまかしたりするといろいろな問題が起こるのに、それでも嘘やごまかしを続ける人が大勢いるのはなぜだろう？

このような行動の原因はたいてい信頼の問題にあり、それは子ども時代にさかのぼることが多い。夫に内緒の口座をもっていた女性もそうだった。母親が秘密主義で人を信頼しなかったので、彼女もいちばん身近な人を信頼できなかったのだ。またコミュニケーションのスキルに乏しいとか、青年期に裏切られた経験がある、葛藤を避けたいというケースもある。出費をごまかしたことがあると認めた人たちの四五パーセントは、パートナーが怒ったり、文句を言ったり、説教したりするのを避けたかったからだと答えている。

経済的な裏切りは配偶者やパートナーとのあいだだけで起こるのではない。ある大学生は完全に自立して生活していたのだが、彼が二十四歳になって奨学金を申請したとき、申請の資格がないことが判明した。父親が彼を扶養家族にしたままで、しかも父親の所得が多すぎたのだ。当然ながら彼は深く傷つき、そのために父子のあいだに大きな溝が残った。

わたしたちの仕事では、**夫婦間の経済的な裏切りにはしょっちゅう出会うので、四段階の解決策を考えた。これをSAFEと呼んでいる。**

S：(Speak your truth) 真実を話そう

お金にかんする会話を避けるのはタブーや恥ずかしさのためだと言った。だからこそ、お金にかんする話は避けたいという気持ちに抵抗することがとても重要なのだ。

経済的に安心できる人間関係を築く第一歩は、**パートナーとお金について落ち着いてオープンに話し合うことだ。**お金は自分にとってどんな意味をもっているのか、過去にお金についてどんな体験をしたか、どんな支出／貯蓄の方法がいいと思うか、経済的な目標としてどんなことを考えているか、などについて話し合おう。

A：(Agree to a plan) 二人で計画を立てよう

経済的裏切りの多くは、はっきりした支出や貯蓄の戦略を立てていないカップルのあいだで起こっている。健全な金銭関係には支出計画が欠かせない。カップルのそれぞれが**相手に相談せずに一度に、あるいは（食料品のように）繰り返して使える金額はいくらまで、と決めておくといい。**そして上限を超えそうだったら、事前に相手と相談しなければいけないことにする。

F：（Follow the agreement）計画を守る

あたりまえのようだが、じつはここがいちばん難しい。計画はお互いがきちんと守って初めて効果がある。最初に三十日から六十日程度のお試し期間を決めておくのもいいだろう。その期間が過ぎたら、また話し合って、次の疑問の回答を出す。自分にとって計画は役に立っているか？　あなたにはどうか？　お互いの関係にはどうか？　カップルのどちらかがノーと答えたら、もう一度話し合って、二人が守れる別のプランを考えるべきだ。

E：（Establish an emergency response plan）緊急時の対応を決めておく

カップルが喧嘩をせずにはお金のことを話し合えなかったり、お金の計画に合意できないとか、計画を守れないとしたら、何かしら問題が生じているのだろう。それも経済的な問題だけではないはずだ。だからそういう状態に備えて、緊急時の対応を決めておくことがたいせつだ。計画に合意できない、守れないということになったらどうするかを、前もってはっきりさせておこう。この緊急時対応プランには、心理学者、牧師、ソーシャルワーカー、カウンセラー、夫婦問題セラピスト、家族問題セラピストなどの支援を求めることも入るかもしれない。

お金の問題は、夫婦喧嘩の原因としても、結婚まもないころの離婚原因としてもいちばん多いのだから、カップルが経済的裏切りを放置しておくことはできないはずだ。現在はパートナーとのあいだにそんな問題はないとしても、経済的な誠実さを確保するためにＳＡＦＥのプロセスを使ってお金について意見を一致させておくことは有効だ。

また、もしパートナーが経済的裏切りを働いているとしたら、自分自身の行動を振り返ってみることもたいせつだ。多くの場合、**経済的な裏切りをする側は、金遣いについて嘘をついたり隠したりするのはしかたがない、相手が経済的に暴君のようにふるまっている（お金を利用してパートナーをコントロールしたり、脅したりしている）と感じている。**

もちろん経済的な裏切りをする側は不誠実な行動の責任をとるべきだが、経済的な暴君のほうもそんな状況をつくりあげるのに果たした役割には責任をとらなくてはならない。被害者を演じてみたところでいいことはないし、それよりもお互いの関係をしっかり検討するほうが役に立つだろう。自分が信頼を壊すようなことをしていないか、無意識のうちに相手を不誠実な行動に追いこむようなことがなかったか、自分の行動を振り返ってみること。わたしたちの経験では、**一方だけが百パーセント悪いということはまずない。**

■経済的近親相姦による支配

経済的近親相姦とは衝撃的な言葉だが、その結果もまたショッキングだ。経済的近親相姦とは、わたしたちが見てきたそうとう多くのクライアントの状態を表すために考えた言葉である。この人たちは**おとなとしてのニーズを満足させるために、お金を使ってわが子をコントロールし、操作する。**

もちろん近親相姦という言葉は性的虐待を意味するし、経済的近親相姦の場合にはあくまでも心理的虐待だが、子どもに非常に大きな感情的な傷とダメージを与える可能性がある。たとえばこんなケースがあった。

クリスティン

母はあのことでは、決してわたしを赦してくれませんでした。母は父の意に背《そむ》いて、また父の許しなしに、わたしに馬を買ってくれて、父には絶対に秘密だと約束させたのです。わたしはその馬が大好きでした。それで馬が飼われている農場に行っては、馬をもっている友人たちと一緒に乗馬をして遊びました。

ある日、わたしはディナーのテーブルについていました。その晩、わたしは馬に餌をやらなければならないことを思い出しました。それで「失礼していいかしら？　馬に餌をやらなければならないの」と言ったのです。そのときには、馬を飼っているのは内緒だといううことをすっかり忘れていました。父は「馬って?」と聞き返しました。それから母とわたしはとんでもないことになりました。父はかんかんで、母もわたしも何カ月か大変な思いをしました。結局、父が機嫌を直したのですが、そのあいだわたしは両親のあいだに立って苦労しました。父の怒りから母を守ろうとしたのでしょう。それから五十年たったいまでも、母はまだわたしが口をすべらせたことを赦さず、ときおりその話をもちだします。父が亡くなってもう五年にもなるというのに。

この場合、クリスティンの母親は経済的な裏切り(夫が反対すると知っていて馬を買った)と、経済的近親相姦(娘をたくらみに加担させて、秘密にさせた)をしている。おとな二人のあいだで解決すべき感情的、経済的な問題にクリスティンを巻きこんだのは適切ではなかった。

別のケースでは、借金取りがやってきたり電話をかけてきたとき、両親が子どもたちを人間の盾《たて》として使って、おとなたちの居場所について嘘を言わせていた。また両親が子どもをメッセンジャーとして使って、金銭関係の交渉をすることも珍しくない。さんざんもめた末に離婚した場合にはそんなことがよくある。

経済的近親相姦は、親が自分のニーズと子どものニーズをきちんと区別できないときに起こる。クリスティンの母親は夫に無視されていると感じ、出費を制約されることを恨んでいた。

だが問題を夫と話し合うかわりに、勝手に行動し、感情的な支えとして娘を引っ張りこんだ。

それでは、親はどうして子どもをそんなふうに扱うのか？　必ずしも意識的ではないことも多い。経済的近親相姦は、自分の子ども時代に親子の境界があいまいだったというような、おとなな自身が抱える未解決の問題が引き金になることがよくある。また、親がパートナーとの関係に満足できていないときにも、子どもを味方に引き入れようとして起こる可能性がある。

ほかのかたちの感情的な虐待と同じく、子どもなのにおとなの役割を無理やり担わされて金銭問題を処理させられると、長い目で見て気の毒な影響が出ることがある。**混乱した不安なおとなの世界を見せられると、子どもはつじつまを合わせようとして、まちがった、あるいは有害な信念を抱く場合がある**ことを思い出していただきたい。混乱したおとなの世界の体験や責任に直面させられれば、子どもはなおさら不健全なシナリオや行動を身につけてしまう。その結果、自分自身のニーズが認識できず、それを満足させられないことも多い。自然に世話役にまわってしまうのだ。

世話役を「上手に」やってのけた子どもたちが、その後生涯にわたって、家族にたいして異常なほど経済的な責任感を覚えることは珍しくない。べつの場合には深い劣等感が根づいてしまい、自分がいくらやっても充分ではない、自分はダメな人間だと感じてしまう。またべつのかたちの虐待として、経済的近親相姦を経験したおとなが子ども相手にそれを再現してしまう場合もある。

子どもたちの誰かと経済的近親相姦に陥っているとしたら、事態を正すのに遅すぎることはない。自分にはどうしようもない、適切なサポートがないと感じるのは、よくある徴候のひとつだ。自分の心配や不安、欲求不満、経済的ストレスはセラピストやアドバイザーのところへもちこむこと。**自分で解決できない問題に子どもたちを巻きこむことは避けなくてはいけない。**もし子どもがそれなりの年齢になっているなら、こんなふうに言ってもいい。「わたしのお金の問題におまえを巻きこんでしまって悪かった。すまなかったね。またそんなことがあったら、注意しておくれ」信頼できる友人や家族、アドバイザーに、自分の行動を変えようと思うと告げて、監視役を頼むのもいいだろう。

■ 依存を助長する経済的イネイブラー

経済的イネイブラーは、自分にその余裕があるかどうかにかかわらず、またそれが長い目で見て相手の利益になるかどうかにかかわらず、**誰かに金を与えずにはいられないという衝動にかられる。**お金を求められるとノーと言いにくいし、実際言えない。自分自身の経済的状態を犠牲にしてでも誰かを助けようとする。典型的なのは、子どもが成人したら自立すべきなのに、経済的にめんどうを見続ける親で、親にとっても子どもにとってもろくなことにならない。

経済的イネイブラーは、お金と愛情を同一視するシナリオから生まれることが多い。この人たちは、**お金を使って過去の過ちやネグレクトにたいする罪悪感を和らげようとしたり、他者との親密さを感じよう、自分が重要な役に立つ存在だと思おうとする。**お金を使って愛する者をつなぎとめ、ときには恩に着せてコントロールし続けようと考える。

もともとの意図は悪くなくても、結果が良くない。アルコール依存症の手の震えを止めるために酒を買ってやるのと同じで、**経済的イネイブラーは当面の問題を解決するかもしれないが、長期的にはもっと重大な問題へと悪化させてしまう。**このような助け方は相手の苦しみ（経済的依存）をますます長引かせるだけで、結局は避けられない破綻がいっそう残酷なものになる。成人した子どもが親に経済的に守られサポートされる期間が長ければ長いほど、経済的に自立するスキルを身につけるのは難しくなる。子どもは経済的にも感情的にも成長が停止してしまうだろう。

経済的イネイブラーのなかには貧しく育ったために、子どもには不自由な思いをさせたくないと決意した人たちもいる。また、子ども時代に自分が甘やかされてスポイルされたケースもある。お金イコール愛だと親に教えられたために、自分の子どもたちにもお金でしか愛情を表現できない。たいていは親がお金のトラブルから守ってくれて、いつでもどんなときでも親がなんとかしてくれると思うように仕向けられている。

前にも出てきたルイスは非常に恵まれた環境で育ったが、お金にかんする教育はまったく欠けていたと感じている。実際、親は意図的に彼を守って、お金のことや、お金の使い方、処理の仕方を学ばせなかったのだろうという。それで自分は子どもたちにはもっと良いやり方をしようと決意した。だが彼の決意とは裏腹に、やっぱり古いパターンを再現してしまった。

ルイス

長年のあいだに、お金をめぐる子どもたちとの関係は自分が育ったときのそれとそっくりなものになっていました。こちらは子どもたちを援助して、暮らしをサポートしてやらなければならないと思いこみ、もちろん子どもたちのほうは喜んで援助を受けていたのです。四人の子ども全部がそうでした。

やがて退職し、決まった収入で妻と暮らすことになり、結局、子どもたちに援助するために預金を取り崩しました。二人の子どものローンを支払ってやっていたし、孫の私立学校の学費も出していました。それどころか、公共料金や食費まで助けていたのです。子どもたちはみんな失業していました。自分に「合った」仕事が見つからない、というのです。わたしがノーと言おうとすると、妻がこっそり金を渡しますし、わたしもまた妻がノーと言ったときには同じことをしていました。毎月、何万ドルも出していたんです。これをなんとかしなければ、老後の資金が底をつくことは目に見えていました。

子どもたちは困ったときにはいつでもパパとママが銀行がわりになって助けてくれると知っていて、返済の必要のない無利子の金を借り続けていたのです。わたしは自分の親が自分や姉妹にしたのと同じことをして、惨憺たる結果を招いたと気づきました。

この夫婦の苦労の原因は何だったのか？　ルイスと妻は経済的なイネイブラーによくあるように、自分たちは良い親ではなかったと感じて強い罪悪感を抱いていた。それで自分たちがネグレクトした、あるいは傷つけたと思った子どもたちの赦しを金で「買おう」としたのだが、その試みは善意から発したものではあっても、失敗だった。

経済的なイネイブラーになるのは親だけではない。わたしたちは、パートナーや配偶者、友人、それどころかただの知人に援助し続ける人のケースをたくさん見てきた。こういう人たちは意識しているかどうかは別として、**誰かに贅沢をさせたり金を出してやれば、自分の人生が意味のあるものになる、尊敬や愛情を得られると信じている。**

キャロル

大学を卒業したとき、それまで父がきちんと期限内に支払いをしてくれていたので、クレジットカード会社には高い信用がありました。何枚かのクレジットカードの勧誘を受けたのですが、うちではお金の話をいっさい聞いたことがなくて知識がなかったために、いちばん限度額の高いカードを選んだのです。自分のアートスタジオに必要な道具を全部買い揃えて、とてもえらくなった気がしました。ほかのアーティストたちに必要な品も買ってあげました。その人たちにとって自分が重要人物になった感じでした。いまから考えれば、わたしはみんなの銀行がわりだったんですね。返せるときにはお金を返してくれましたけれど、わたしはそのお金をなんとなく使ってしまって、クレジットカードの借金の返済には充てませんでした。最初から最低限の支払いしかせず、債務はどんどんふくれあがっていきました。いつ払い終わるのか、どうすれば全部払えるのか、考えたこともありません。そんなことは話題にもしませんでした。

二十五歳になるころには、約六千ドルの債務がありました。自分の責任だ、なんとかしなければと気づき、債務管理会社と相談しました。それからボーイフレンドと同棲したのですが、わたしたちはどちらもお金の管理についてはめちゃくちゃでした。後になってわかったのですが、彼はコカイン常習者でした。二年たつと、わたしのクレジットカードの債務額は一万七千ドルになっていました。とてもショックでした。わたしは自称サイキック・ヒーラーの女性に相談し、破産申請し、バンで暮らすようになったのです。

誰でもこんなふうに悩み、考える——自分の人生にはどんな意味があるのか？　世界における自分の居場所はどこだろう？　どうすれば人に好意と尊敬をもってもらえるか？　いちばん健全な、そしてたぶん幸せにつながる回答は、人間関係や人の役に立つことにかかわっているはずだ。だが経済的なイネイブラーの場合、**人間関係がお金とわかちがたくからみついているので、感情的な投資と経済的援助をごっちゃにしてしまう。**

恵まれた育ち方をした人に多いのだが、キャロルも友人仲間の銀行役を演じることで、自分にはパワーがある、重要人物だと感じて、いい気分になっていた。だが経済的なイネイブラーによくあるように裏目に出て、友だちもボーイフレンドも、そしてお金も失ってしまった。

経済的なイネイブラーには、ときには経済的な裏切りも付随する。イネイブラーは友人や成人した子どもに与えた金額について、パートナーに嘘をついたり、ごまかしたりするからだ。夫に内緒の銀行口座をもっていて、税務調査で夫にばれた女性を覚えているだろうか。彼女は夫にわからないように、成人した息子に秘密口座から「お小遣い」をやっていた。

厳しい時代には経済的なイネイブラーはますます増える。実際、先般の金融危機による不況で、二十代どころか三十代でも両親のいる実家に戻るケースが着実に増加している。しかしこれはイネイブラーにも依存する側にも深刻な影響を与えるし、親子関係に大きなダメージを及ぼす恐れがある。わたしたちがよく一緒に仕事をするファイナンシャル・プランナーはこんなふうに説明する。

ラッセル　クライアントには、あなたの経済的な救命ボートにつながっている人たちはリスクのある暮らしをしているし、あなたにもリスクがあるんですよ、とわかってもらおうとしています。そういう人たちは救命ボートについた重い錨《いかり》のようなもので、いつなんどき海中に落ちるかもしれないし、あなたの救命ボートに錨がつながっていれば、あなたも転覆するんです、と。

たとえば、成人した子どもたちが差し押さえでマイホームを失ったクライアントがいました。息子の一人は実家に戻ってきたのです。そこでわたしたちが相談を受け、投資とは無関係なクライアントのリスク要因について検討することになりました。家族や友人などに起因するリスクです。救命ボートにつながった愛する人たちがこれから安定して暮らしていくという問題にどう取り組むのが適切か、一緒に考えてあげる必要があったのです。

自分が経済的なイネイブラーになっていると気づいたら、最初にしなければならないのは、**自分の行動は利益よりも害が多いと認識することだ。**お金を出してやることが相手の成長を促し、インスピレーションを与え、自立につながるとすれば、もうとっくにそうなっているだろう。たしかに、困ったから助けてくれと友人や愛する人に頼まれて、ノーと言うのは簡単ではない。だが、**穏やかにノーと言うことが依存と依存助長の悪循環を断ち切る唯一の方法だと気づけば、断るのが楽になるはずだ。**自分はケチでも冷酷でもないことを思い出そう。ただ、相手と自分にとって最善のことをしようとしているだけだ。そう考えれば、無力感にとらわれることもないだろう。ルイスは言う。「わたしが学んだいちばんたいせつなことは、自分には思っている以上に状況をコントロールする力がある、ということでした。たしかに子どもたちにも責任はありましたが、状況を変えたいなら、率先して変える責任はわたしにあるのです」

■白馬に乗った王子様

王子様は王国をくまなく探してシンデレラを見つけだし、お城に連れていって、新たなすばらしい暮らしが始まる。前にマネーのシナリオの形成とジェンダーの関係について説明したときに紹介した「白馬に乗った王子様」のシナリオは、「もっと力のある誰か」——輝く鎧《よろい》をまとった騎士でも、政府でも、宝くじでも、恵み深い宇宙でも——が現れて自分を救ってくれるというものだ。

だが自分の経済的な暮らしをべつの人物や団体あるいは運命に委《ゆだ》ねてしまうと、とんでもなく悲惨なことになる可能性がある。それでも大勢の人が経済的に他人に依存したままでいることを選ぶのは、お金について学ばず、準備せず、計画せずにいられるからだ。

経済的に依存する人は経済的なイネイブラーのダンスのパートナーだ。経済的なイネイブラーのほうが**無意識のうちに人間関係を強化しようとしているとしても、実際には経済的な依存は葛藤を大きくする。**これは経済的な状況がどんなものでも起こり得る。わたしたちは第二世代、第三世代にわたって家族が福祉に頼って暮らしたり、豊かな信託基金からもらうお金で暮らすのを見てきた。いずれにしても**経済的な依存は野心や自立心を破壊し、当人は世の中で途方にくれて無力感にさいなまれる結果になる。**モリーも典型的なケースだった。

モリー

高校三年生になる前の夏、わたしはアルバイトをしたいと思いました。友だちが大勢働いていて、とても面白そうだったからです。でも父は、わが家では女性がお金のために働くことは決してない、と言いました。でもボランティアには反対しないようだったので、わたしは低所得者の子どもたちのためのヘッド・スタート・プログラムでボランティアをしました。父はやってきて、わたしと子どもたちの写真を撮り、写真を子どもたち一人ひとりに配りました。子どもたちには初めての体験でした。

翌年、大学に入ったわたしは、小切手帳の帳尻を合わせることができなくて、困りきって父に電話をかけました。わたしにとってはまったく新しい体験だったのです。父は何分か説明しようとしましたが、結局、「口座にお金は充分にあるんだろう?」と聞きました。わたしがイエスと言うと、「それじゃ、もう心配しなくていい」と言ったのです。それからは、二度と小切手帳の帳尻のことは考えませんでした。もういいや、と思ったのです。

わたしの受けた教育では、女性は尊敬されるべきで、その一環として経済的に男性に面倒を見てもらうのは当然でした。こう考えていても不都合はなかったかもしれません。もし保険も将来計画もないまま父が四十一歳で急死しなかったら、ですが。おとなになったわたしはこの考え方を夫にあてはめ、経済的にどれだけ楽をさせてくれるかで愛情が測れると思いました。そして夫の稼ぎが充分に愛されていると感じるほどではなかったので、始終、お金のことで喧嘩ばかりしていました。

モリーのような経験は決して珍しくないし、マネーのシナリオがどんなふうに生まれるかがよくわかる。状況が安定していれば、このシナリオでも必ずしも困りはしないだろう。父親が永遠に生きていて、ずっと面倒を見続けてくれたなら、モリーは一生、小切手帳の帳尻を合わせる勉強をしなくてもすんだだろう。だが、状況が変わったとき――状況は常に変化する――以前のマネーのシナリオにやみくもにしがみついていたら、惨憺たることになる恐れがある。

一家の稼ぎ手や経済的な知識の持ち主、経済的なパワーの持ち主が家族あるいはパートナーの一人だけだと、ほかの全員がリスクにさらされる。このときには、経済的な危機が訪れるかどうかではなく、いつ訪れるかが問題になる。

残念ながら、わたしたちの社会にはいまでもジェンダー別役割という考え方がはびこっているので、経済的な依存者の大半は女性だ。これに「白馬に乗った王子様」のおとぎ話が加わると、女性は職場での差別や家庭内暴力、自分で自分のキャリアを妨げる、自分と子どもの生活を支えられないことなどを含め、大きなリスクを負う。実際、経済的な依存は、女性が虐待相手のもとに留まる大きな理由にもなっている。ある調査によれば、家庭内暴力の被害者のほぼ半数が、虐待者のもとに戻る大きな理由としてお金がないことをあげている。

さらに、貧しさや経済的な不安定さと家庭内暴力には関連があるという証拠もたくさんある。

全国的な調査をもとにした最近の研究では、男性が失業したことがないカップルの家庭内暴力の割合は四・七パーセントで、一度失業したカップルだと七・五パーセントに、二度以上となると一二・三パーセントに上昇する。イリノイ州で三年かけた調査では、家庭内暴力を経験した女性は、ほとんど同じ状況でも暴力を経験していない女性にくらべて、雇用関係が安定せず、家の外で働いていない場合が多かった。

困った悪循環ができていることも多い。経済的に安定していないから、選択肢が狭まる。虐待の被害者である女性は、パートナーの経済的なサポートがどれほどあてにならなくても、離婚のリスクよりはましだと思う。

経済的な依存に陥っている人は、通常の経済ルールが通用しない子どもっぽい世界で暮らしている。こういう人たちは日常世界でお金がどんなふうに動いているかわかっていないし、知る必要も感じていない。お金が必要になると、依存している相手がお金をくれる。使い過ぎても、銀行がわりのパパやママ、配偶者、信託基金が肩がわりしてくれる。

経済的に依存している人も経済的なイネイブラーと同様に愛情とお金を同一視していることが多い。だが同時に、お金をもらうために払わなければならない犠牲について、多かれ少なかれ恨みを抱いている。

経済的なイネイブラーからの「プレゼント」はひも付きであることが多い。「ロースクールの学費に使うなら、お金をあげます」「このお金を受けとるなら、わたしが来いと言ったときに来るんですよ」**経済的なイネイブラーは、依存者の人生にくちばしを入れる権利と義務があると思っていることがよくある。**

親に守られて、お金の心配をせず、お金について考えることもなしに暮らしていると、将来の人間関係に心理的、経済的な問題が起こる可能性がある。使い過ぎと経済的な裏切りの問題が生じたマーサについて考えてみよう。

マーサ

わたしはとても健全なマネー感覚をもった両親に育てられました。両親はパートナーとして協力して予算をたて、出費を決めていました。貯蓄もしました。クレジットカードの利用法も模範的でした。月々に支払いきれるだけの額しか使わなかったのです。個人退職年金口座も開いていて、老後の計画もたてていました。わたしもよく面倒を見てもらいました。両親は経済的に健全な人たちがすることは全部実行していました。

ただ一つの問題は、どうしてそうするのか、なぜそうすることがたいせつなのかをわたしに教えてくれなかったことです。両親はうちの経済状態については決してわたしに話しませんでした。いまでもわたしは、両親にどれくらいの所得があったのか知りません。十代のときに、うちは「中産階級」なのか、それとも「中の上の階級」かと聞いたことがありますが、そんなことは聞くだけで失礼だ、と言われました。

それでわたしはお金については何も心配せず、何も考えずに育ちました。大学に入り、授業料を親に払ってもらい、仕送りをしてもらいました。大学一年生のとき、最初の夫になる人と出会いました。彼は七歳上で、わたしが二十歳のときに結婚し、経済的なことはすべて夫に任せました。世話をしてもらうのが嬉しかったし、お金の心配をしないでいられてありがたいと思いました。わたしたちは暮らしを楽しんでいました。旅行、外食、ショッピング、パーティ。そしてクレジットカードで多額の債務ができました。十年後、わたしは離婚し、破産を申請しました。

二人目の夫と結婚したときは、どちらも前の結婚時代の借金や義務を山ほど負ったままでした。最初から苦労ばかりだったのです。わたしは夫に経済的なことを任せましたが、じきに面白くなくなりました。子ども扱いされているような気がしたのです。夫は出費や予算についてルールを決めますが、自分はそのルールを破るのです。そしてお金の問題をわたしのせいにして、自分の行動の責任はとろうとしません。わたしは出費については受動的攻撃をするようになりました。買い物を隠したり、子どもたちを口実にしてお金を使いました。子どもたちにはいろいろなものが「ほんとうに必要」でしたし。自分の使い過ぎも、子どもたちのためだからと正当化しました。自分のものじゃないから、使い過ぎてもかまわない、と思っていたのです。夫には知らせずにクレジットカードをつくり、出費について嘘を言い、ありとあらゆるごまかしをしました。**わたしは誰かと浮気しているの**

と同じように、お金について夫を裏切っていたのです。秘密をつくり、不誠実で、相手を傷つけました。

マーサの経験は、いくら善意であっても、親の行動のせいで将来子どもが経済的に困難を背負うことがあるという気の毒な例である。皮肉なことに、親が経済的に有能だったのも一因になって、マーサはお金の心配をする必要がないと信じた。しかしお手本となるべき親が健全なマネー感覚で行動し、バランスのとれた経済的知識と責任感をもっていても、そのたいせつなマネー感覚の情報を娘に伝えなかったから、マーサはそれを重要ではない、知る必要はないと考えた。いつでも誰かに頼ればいい、と考えたのも無理はなかったかもしれない。

経済的に依存しつつ育った人によくあることだが、マーサも同じ考え方をもった相手――お金のことは男性が責任をもつべきだと考える人――を人生のパートナーに選んだ。マーサにとってはそれが快かったし、正当なことだった。ただし、人生の経済的な面を完全に誰かの手に委ねたことで、彼女の人生は二度も破綻した。

これがお金について話すことを「大きなタブー」にした代償である。いくら優れた習慣でも、伝えなければ伝わらないのだ。親がお金についてどう話していいかわからないとか、お金について話すことが重要ではないと思っていたら、どうして子どもたちが健全な方法でコミュニケーションすることを覚えるだろう。後の章で家族の経済状態について、子どもの年齢にふさわしい健全なやり方で語り合う方法を説明しよう。

ただし、確かなことが一つある。**お金の価値や意味を教えるうえで、子どもを甘やかすのは絶対によくない、**ということだ。

誰かが経済的に自分の面倒を見てくれるという思いこみには、高い代償がある。自分の力ではどうしようもない、生きていけないという感覚がつきまとうことが多いのだ。

経済的な依存とそれにかんする問題の背景には、学習された無力感が働いていて、そのために悪循環から抜け出すことがいっそう難しくなる。「自分の力では生きていけない。だったら、努力したってしょうがないじゃない。誰か、面倒を見てくれる人を探さなければ……」

だが、これまで見てきたように、白馬の王子は現れない。王子が勤勉な稼ぎ手というかたちで現れたとしても、その人に完全に頼りきるのは賢明ではない。前にも言ったが、いまの離婚率の高さや、男性は女性よりもほぼ十年近く寿命が短いことを考えれば、すべての女性がいずれは経済的に自立しなければならないのだから、その準備をしておく必要がある。

■ 次のステップへ

いままでのところでおわかりのように、わたしたちはマネー感覚の火種となった人生の出来事や、その後に習慣的に発動されるマネーのシナリオ、そしてそこにはまりこむ原因になっている未解決の感情について学ぶことで、大きなパワーを得ることができる。**自分のなかの科学**

者を動員するスキルを高め、恐怖や怒り、興奮などの激しい感情のさなかでこの科学者に働いてもらうことができれば、どうすればワニの脳の直感と、サルの脳の感情的社会的な知恵をうまく活用できるかも学習できる。お金について意識的に選択し、過ちから学び、可能性が広がった世界に踏みこむことが可能になるのだ。また自分の価値観と目標にあったお金との関係を築くことができる。

たしかにマネーのシナリオの多くはいつまでもつきまとうだろうし、ストレスがあるときも穏やかなときも、ふと頭に浮かんでくるだろう。だが学んでおけば、「ああマネーのシナリオだな」と気づくことはできる。そのシナリオは過去から派生した部分的な真実に過ぎないし、現在には役に立つかもしれないし立たないかもしれない、とわかっていれば、シナリオを修正し変更するために自分の思考を変えていくことができる。

それにはどうすればいいか、それが次のテーマになる。

第3部

マネーのトラウマを克服する

言葉の処方箋⑤

未解決の問題が解決されると
エネルギーが放出され、
のびのびと考えられる精神的、感情的な場ができる

出来事そのものは過去だとしても、出来事の記憶はわたしたちが新たに洞察し、理解するたびに変化する。それを機会に、自分はどんな感情で人生を生きているか、ほんとうに望むのはどんな生き方かをもっと明確にできるはずだ。

言葉の処方箋⑥

あなたはどんなふうに変われればいいだろう？

自分が体験した経済的な裏切りを整理して検討し、かたをつけようとするときには、自分にたいしてでも他人にたいしてでも、共感や赦しが大きなパワーをもつことを忘れないようにしよう。あなたが経てきた経験に照らせば、あなたのお金にかんする行動が理にかなっているのと同じで、ほかの人の行動もその人が経てきた歴史を考えれば理解できるのではないか。

9 未解決の問題に取り組む

これまでの章に登場した人たちはみな、マネー感覚の火種となった経験について、わたしたちが「未解決の問題」と呼ぶものを抱えていた。「未解決の問題」というのは、**当人が避けたり、抑圧したり、放置している感情や記憶**を指すセラピストの言葉だ。

ある出来事にまつわる激しい感情やトラウマがそのときに充分に処理されたり解決されていないと、それが頭や心の背景にいつまでも残ってしまう。

このような出来事の残滓《ざんし》がある場合、わたしたちは過去に囚《とら》われて、現在を充分に経験することができず、最善の未来を創造する力も限定されてしまう。その出来事にかかわる悲哀や恐れ、怒り、不安、不信、恐怖が適切に表現されないと、現在に持ち越されて、感情のコントロールが難しくなるのだ。

次の事例が示しているように、未解決の感情的な問題とそこから生じる適応行動は、きちんと対応しておかないと、よい方向に変化しにくくなる。父にお金をくださいと頼んだときのつらい記憶は、いまでもキャロルの人生に影響を及ぼしている。キャロルがなんとかしようとしない限り、これからもずっとそのままだろう。

キャロル

大学生のときとそれからの数年、わたしは二カ月ごとに実家に帰っていました。その前の一週間というもの、わたしは不安で胃が締めつけられる思いで、しかもその苦しさは実家にいる週末を通じてますますひどくなるのでした。日曜日の晩になると、夕食後に父の書斎に呼ばれます。そこで父は、自分は高級車を買ったこともないし、贅沢をしたこともないと延々と説教し、それから小切手を書いてくれるのです。その小切手でわたしの授業料と食費や光熱費などが支払われます。大学時代、何にいくらかかったのか、ぜんぜん記憶がありません。父の書斎で説教を聞かされてから小切手をもらうのがあまりに不快で耐えがたかったので、すべて頭から締めだしてしまったのでしょう。毎月の出費の細かいところまで目を向けることなんて、できなかったのです。先日、女子学生クラブの会費はいくらだったかと聞かれましたが、見当もつきませんでした。クラブの会費もほかの請求書もすべて直接父に送られていたからです。

わたしは父にとって大変な重荷なんだと感じていました。自分は人が負担し得る最も大きくて金のかかる問題なんだろうと思っていたのです。いまでもわたしは人にお金のことで、それにほかのことでも、要求したり頼んだりするのがとても苦手です。自分のアートに関係することは別ですが。でも、先月も請求した料金を払ってもらえず、ただ待って過ぎてしまいました。そんなことはしょっちゅうあります。相手は契約したあと、料金を払うのに何か抵抗があるみたいで、わたしもまたなかなか請求できないんです。

ストレスに身体がどう反応するかを考えてみよう。筋肉が収縮し、胃がむかつき、ぐっと拳を握りしめる。未解決の問題に囚われた脳も、この握りしめた拳と同じだ。どちらも防御姿勢で、閉じていて、ほかのもっと有効な活動に使うことができない。**未解決の問題があると、自分自身や他者とのつながりを築く能力が限定され、不安、うつ、対人問題を引き起こす。**

マネー・ディスオーダーはお金にかかわる過去のつらい体験や人間関係をめぐる未解決の問題から生じる。あなたがマネー・ディスオーダーに苦しんでいるのなら、トラウマや体験した出来事にかかわる未処理の問題の解決を含め、永続的な変化を起こす必要がある。そこを解決すれば、健全な経済的アドバイスやプランニングを活用できるだけでなく、**過去がつくりあげたシナリオを書き換えて、現在を存分に生きるのにも役立つ。**そのための細かい戦略については、もっと後で説明しよう。

■ 過去が未来になる

『迷いの晴れる時間術』（原題『時間のパラドックス』）で、行動心理学者のフィリップ・ジンバルド博士は、わたしたちの思考や行動で時間が演じる独特の役割を分析している。原題にある「パラドックス」にはいくつかの内容がからみあっている。そのうち三つをあげれば、

○時間はわたしたちの人生で決定的な役割を果たすが、わたしたちはまったくと言っていいほど、その影響に気づいていない。
○時間は普遍的な体験だが、時間を経験する普遍的なやり方はない。そのかわりにいくつかの一般的なパターンがあり、それぞれに長所と短所がある。
○時間は個々に経験されるものだが、ある文化や国家の命運に影響する力でもある。

ジンバルド博士は何十年にもわたる研究を通じて、時間にたいする個人の姿勢を測定する「ジンバルドの時間的展望尺度（ZTPI）」を考案している。ジンバルドとボイドはこのZTPIの結果を分析し、非常によく見られる一般敵な時間のフレームが五つあることを発見した。快楽主義的現在志向型、運命論的現在志向型、未来志向型、肯定的過去志向型、否定的過去志向型である。

誰でもたぶん五つの型のどれにも何かしらあてはまる特徴があり、心当たりのある行動や信念があるだろう。一つのフレームにぴったり合致し、そのフレームの特徴だけが現れている人はめったにいないはずだ。

それにしても、わたしたちの時間にたいする姿勢は、わたしたちが未解決の経済的な問題をどう体験し、どんな機能不全の経済的行動をしやすいかについて、さまざまなことを教えてくれる。

●快楽主義的現在志向型

この時間のフレームの人は、**感覚的な体験とただちに満足を得ることに重点をおいている。**当然ながら快楽主義的現在志向型の人は活発で、楽しむことが大好きで、「パーティのような人生」を送っていると言われることも多い。それに少々移り気で気分屋でもあるだろう。この人たちはスポーツやセックスなど、即座に見返りを得られる刺激的な体験や活動が好きだ。またあらゆる種類の依存症になりやすい。以上のことから、快楽主義的現在志向型の人のお金にかんする未解決の問題は、**浪費、過剰なリスク・テイク、衝動的ギャンブル**などのマネー・ディスオーダーを引き起こしやすい。

●運命論的現在志向型

このタイプの人は、**自分の人生をコントロールすることなんてできるはずがないから、将来計画をたてるのは無駄だと思っている。**どうせ失敗するという自己実現的予言のせいで、たぶん学業成績や職場での仕事ぶりは良くないだろう。自分の行動で結果が決まるわけではないと思っているから、過剰なリスク・テイクに走る傾向もある。言い換えれば、「どうせ結果をコントロールできないのだから、一か八かでやったってかまわないさ！」というシナリオで動いている。

運命論的現在志向型になる大きな理由の一つは若いころのネガティブな体験で、そのために学習された無力感を身につけている。人生を良くする力はないんだから努力したってしょうがない、というわけだ。これは前にも見たとおり、**経済的な依存によくある思考パターンで、「白馬に乗った王子様」のマネーのシナリオでもある。**このような無力感を治療する方向で取り組めば、未解決の問題を解決し、悲観的な色合いの薄い、もっと健康的で自分のパワーを実感できる心の枠組みをつくるのに役立つにちがいない。

●未来志向型

前の二つのタイプとちがって、**未来志向型の人はさまざまな行動がどんな結果になる可能性があるかを推し量って決断し、人生を組み立てていく。**「楽しみはあとに」というのがこの人たちの特徴で、問題解決やプランニングも非常に上手だろう。しかし未来志向が行き過ぎると、未来にしか関心をもたず、現在を楽しむことができなくなるかもしれない。

金銭面では、将来の経済状況にとてつもない不安を抱いてコントロール過剰になったり（お金のことで配偶者に暴君的にふるまったり）、必要なときにお金が使えなかったり、ワーカホリックになったりする。未来志向型の人は**過去のつらい記憶や感情を無意識に回避しようとして、未来に関心を集中しているのかもしれない。**

●肯定的過去志向型

この時間のフレームの人はマイホーム主義で、家族や親しい友人を重視し、しっかりと根を張った継続性をたいせつにする傾向がある。また何かを決断する場合、過去に関心を向けて、「過去にうまくいったこと」をもとにすることが多い。この時間のフレームが行き過ぎると、**リスク回避、必要なときにお金が使えない、ためこみ**などにつながることがある。

●否定的過去志向型

問題の過去がトラウマになるものであると、否定的過去志向型の人はジンバルド博士が言うように「現在がいくら良くても、トラウマ、失敗、欲求不満、修正不能の過去の際限ないリサイクルのスミソニアン博物館」になる恐れがある。そして金銭にかかわる未解決の問題は、容易にこの博物館の一翼を形成するだろう。この人たちの意思決定には肯定的過去志向型の人の場合と同じように過去が重くのしかかる。だが、否定的過去志向型の人にとっては過去は避けるべきお手本だ。

あなたは説明した型のうちどれかが自分にあてはまると感じているのではないだろうか。どの型があてはまるにしても、大事なのは、**未解決の問題がある場合には過去が現在に侵入し、未来に影響する、**ということだ。

もちろん、過去のやっかいな体験のすべてが未解決の問題になるのではない。もしそうだったら、わたしたちの心は膨大な重荷の山になってしまう。

では、どうしてつらい、あるいは解決していない体験の一部はいつまでもつきまとい、ほかはそうではないのか？　また、もっと重要なのは、未解決の問題をどうやって締めくくり、その罠《わな》から自由になるのか、ということだ。そこで、トラウマの本質に戻らなくてはならない。

■未解決の問題の根源

トラウマは感情的なエネルギーである。過負荷になった電気の回路がブレーカーなどで遮断されなければショートしてしまうように、トラウマのエネルギーも安全に放出されなければ破壊力になる。

トラウマになるような出来事のエネルギーを心理的、感情的に放出することで、わたしたちは解決策を見つけだし、前進が可能になる。言い換えれば、積み上がったエネルギーを認識して放出し、システムを正常状態に戻すために、精神的、感情的なカタルシスが必要なのだ。

子どもは難しい感情に泣いたり叫んだりして対応することを本能的に知っている。だが親や社会全体は、動転して恐怖や怒りその他の激しい感情を表出する子どもを叱ってしまうことが多い。その結果、子どもは、どんなやり方であっても感情の表出はつねに悪いことで、受け入れられないというメッセージを受けとる。あるいは、恐怖や悲しみ、怒りを「我慢しなさい」としょっちゅう言われると、子どもは激しい感情そのものが良くないのだと信じてしまう。その子どもが育つと、そういう激しい感情を押しのけたり、そのような感情を引き起こすことをすべて回避するようになるだろう。激しい感情を経験しつつ、表現できないというのは恐ろし過ぎるからだ。

わたしたちの文化では、激しい感情を表すのは厳しいタブーとされている。自分の昇進が見送られたからといってオフィスの床に身を投げて泣きわめいたら、あるいは空港でフライトがさらに一時間遅れると言われて苛立ちのあまり悲鳴を上げたら、まわりの人がどんな顔をするかを考えてみればすぐにわかる。社会の一員になるためには、まず激しい感情を抑えることを学ばなければならない。

その結果、わたしたちは不快な感情を避けたり、感情の強度を下げたりする方法を見つけることが上手になる。そのなかには健全な方法もあるが、**表出できない感情を抑えるために過度の飲酒や喫煙、衝動食い、衝動買い、働き過ぎなどの自己破壊的な行動に出てしまうことも多い。**こういう回避技術は短期的には効果があっても、結局は問題を増幅させる。それにいまを充分に生きて、現実の状況をしっかりと見通し、冷静な頭で合理的な決断をする能力も損なわれる。

四十年前、スイスの医師エリザベス・キューブラー・ロスが、不治の病に苦しむ人たちの悲しみについて、新しい見方を打ちだした。当時、死についての感情を正直に直視できる人はごく少なかったが、キューブラー・ロスによって、死に直面する悲しみの考え方そのものが大きく変わった。

キューブラー・ロスは最初の著書『死ぬ瞬間』で、悲しみと取り組み、やがては癒されるまでに通る五つの段階を説明している。わたしたちは仕事を通じて、トラウマを残すような出来事ならすべてキューブラー・ロスのモデルがあてはまることを知った。離婚、失業、経済的な失敗などである。

○**否認**：避けられない喪失から逃れようとして、ほんとうはそんなことはない、というふりをしようとする。「何かのまちがいだ」「そのうち、うまくおさまるだろう」

○**怒り**：現実がわかってくると、強い怒りや恨みを感じる。「公平じゃない！」「どうして、わたしが？」「こんな目にあうようなことをした覚えはない！」

○**取り引き**：怒りが燃え尽きると、神や宇宙と取り引きして、状況を変えようとする。「今回だけは勘弁してください。もう二度と繰り返しませんから」「あと六カ月ください、六カ月でいいんです」

○**抑うつ**：ネガティブな結果を避けることも、そこから逃げることもできないと悟ると、すべての希望を失う。「もう何をしたってしょうがない」「あきらめた」「もう、どうでもいいじゃないか」

○**受容**：最後に現状を受け入れて、品位のあるやり方で現実的に処理する。「全体として自分がしてきたことにはプライドをもてる」「まだ、自分にはできることがある」

この五つの段階を通過することで感情が解放され、恐怖や不安、悲しみを克服して、やがては安らかな気持ちになれる。

もちろん、誰もが同じくらいの強さ、同じ順序で直線的に五つの段階をたどるわけではないし、どこかの段階に留まってしまう可能性もある。だがこの五つの段階は普遍的なように思われるし、未解決の問題にかかわる長く埋もれていた感情と直面するときにも、これらの段階をたどるのではないだろうか。

つらいかもしれないが、これはトラウマにたいするあたりまえの健全な反応で、苦しみは一時的だとわかれば、少しは気が楽になるかもしれない。

■ 心を変える

しかし過去を、ましてつらい過去を掘り起こしたい人などいるだろうか？　どうしたって過去は変えられない。そうではないか？　それなら過去は過去として忘れたほうがいいのではないか？

過去のつらい出来事をあっさりと記憶から消してしまえるなら、それでもいい。だが、そうはいかない。皮肉なことに、わたしたちはつらい記憶を避けがちだが、その記憶はいつまでも人生に影響を及ぼし続ける。**問題と正面から向き合い、表出されていない感情を処理するまで、その影響からは逃れられない。**

多くの人は記憶を何度も再生できるＤＶＤのようなもので、再生されるイメージや出来事はいつでも同じだと思っている。だが、事実はまったく逆だ。**わたしたちの記憶は時間とともに変化する。**心理学者のエリザベス・ロフタス博士の画期的な研究によって、わたしたちの記憶がどれほど柔軟か――あてにならないか――が明らかになった。

ロフタスら研究者たちは、**ある出来事についての記憶は、それを思い出すたびに取り入れられる情報によって歪められることが多い、**ということをつきとめた。そのうえ、ロフタスの実験の一つによると、ありもしない出来事についてのまったく新しい記憶を植えこむことさえ可能だという。

家族のなかの年長者が、きみはショッピングモールで何時間も迷子になったねとか、サメに追いかけられて危ないところを救われたんだよねと話して聞かせる。どちらも実際にあったことではないが、信頼できる相手から聞かされた被験者はそれを「思い出した」ばかりでなく、後には尾ひれをつけて詳しく思い出を語るようになった。

これは、経済的なトラウマの解決の面ではどういう意味をもつか。**マネー感覚の火種となった記憶を変えられる、**ということだ。記憶を消してしまうのではなく、その意味や人生に及ぼす感情的な影響を根底から変えることができる。

何か非常にまずいことをやらかしたのを思い出したときにどう感じるか、考えてみよう。最初はそのときの感情を、そのときと同じくらいの強さで感じるのではないか？　だが最初の感情の洪水をやり過ごして、**おとなの視点や知識からその体験を考えてみれば、もっと現実的な、それどころか自分のためになる解釈が生まれることもあり得る。**そのなかには、あの体験がとても貴重なことを教えてくれたとか、おかげでその後起こったかもしれない問題が避けられたということもあるかもしれない。

一つの方法は、役割を逆転させることだ。**相手、あるいは別の関係者の視点からその出来事を考えてみよう。**その人たちは何を考えていただろう？　その人たちの動機や目的は何だったのか？　いまならわかるその人の背景や、そのころその人たちがどんな問題を抱えていたかを考えれば、何がその人たちを動かしていたのか、もっとよく理解できるのではないか。

たとえば両親がお金のことで大喧嘩をしていた記憶があるとする。おとなになったいまなら、経済的な問題が人間関係にどれほど大きな感情的影響を及ぼすかを知っているから、両親の行動も理解できる気がするのではないか。

■トラウマ体験後の成長

この数十年に心理学が扱う領域が拡大して、トラウマを体験したあとに人々が感情的な健康を取り戻すことに重点がおかれるようになっただけでなく、危機や苦しみを心理学的成長の前兆と捉えることについても研究が進んできた。

心理学者のリチャード・テデスキとローレンス・カルホーンは、そのような変化のなかには人生にたいする深い感謝や人格的な強さと精神的な成長、人間関係の改善、それに人生の新たな可能性を重視する姿勢などが含まれることを明らかにしている。

ここで肝心なのは、誰かの行動を赦すとか、正当化する、大目に見ることでもなければ、別の誰かに責任を転嫁することでもない。要するに目的は、**記憶から生まれる不安を軽減して自分が楽になることで、それには関係者全員の動機を充分に理解することが役に立つ。**そのためには無力な犠牲者という役割から脱して、自分には何かができるという感覚を取り戻さなくてはならない。また体験のどの部分は自分にはコントロールできなかったか（子ども時代であれば、ほとんどはコントロールできなかっただろう）を認識し、**自分を責めるのをやめることも助けになるだろう。**

癒されるもう一つの方法は、**トラウマとなった出来事によってどう成長し、何を学んだかを**

明らかにすることだ。その経験が何を教えてくれたか、自分に尋ねてみよう。そのためには自分を振り返ってもいいし、瞑想をするのも、心理セラピーを受けるのもいいだろう。

方法は何であれ、その体験から生まれた高い目的や学習、心理的な利益を明らかにして、そのうえで記憶や記憶に付随する感情と向き合えば、その記憶がしつこくつきまとって悪影響を及ぼすことはなくなるはずだ。

記憶とそれに付随する感情をよみがえらせて受け入れることで、わたしたちはその体験をより生産的に扱えるようになるし、しなやかな強さを身につけることができる。これはトラウマや不安の治療には不可欠の要素で、すべての心理療法や原理の基本でもある。また内省志向型セラピー（問題を明らかにして分析する）、行動療法（恐れている行動を実践する）、認知療法（不安を生じさせる思考を探究、検討し、変える）、体験過程療法（出来事を再現して、抑圧されてきた不快な感情を引き出して表現する）など、いろいろな種類の心理セラピーがなぜ有効なのかも、これで説明できる。

セラピーのほかにも、このような感情と取り組むには、日記を書く、サポート・グループに参加する、親友と話し合うなど、たくさんの方法がある。**どれもトラウマのエネルギーを安心して放出し、体験について話せる機会であり、それこそが必要なことなのだ。**

安心できる場所で内なる現実と対峙《たいじ》し、さまざまな感情を余すところなく体験すれば、それらの感情は焼き尽くされ、管理できるレベルにまで強度が低下する。

このような古い記憶にアクセスするときは、新しい情報や洞察によって、人生に及ぼす影響力を変化させることができる。**未解決の問題を解決するには、自分の感情と触れ合いつつ、理性的な脳を働かせて新しい洞察や理解を生みださなくてはならない。**そしておとなの視点と洞察力によって過去の体験を検討すると、現在の人生と将来の方向に過去が及ぼすパワーから自由になるのに役立つ。これが深い癒しと行動の永続的な変化の始まりだ。わたしたちのクライアントの一人はこんなふうに語っている。

スチュワート　**いちばん助かるのは、いまなら古いマネーのシナリオのどれかが現れればすぐに気づくことです。**古いシナリオがどんなものか、知っていますから。それに、どうすればいいかもわかります。落ち着いて耳を傾け、はい、おしまい、と出口を指差してやるんです。

■ 簡単なエクササイズ

これまで見てきたように、人生の未解決の問題のどれかに強烈な感情が付随していると、心理的なエネルギーを占拠されてしまい、過去に囚われて抜け出せなくなる。未解決の問題を解決すれば、エネルギーが放出され、ほっとして、もっと現在に関心を向けることができる。そうするとどんな気分になるか、ちょっと試してみよう。

二つか三つ、暮らしのなかの未解決の問題を書きだそう。簡単なものから始めるといい。義母からのeメールに返信していないとか、息子の学校の校長先生から連絡があったのに電話をかけていない、というようなことだ。さて、次にこの本をおいて、その仕事にとりかかろう。eメールを送る。電話をかける。さあ、いますぐに実行だ。

仕事のリストに完了のしるしをつけるとき、どんな気分がするだろう。重くのしかかっていたものが消えた気がしないか？　もっと根深い未解決の問題を解決するために行動を起こしたときには、エネルギーが放出されたあとのほっとした安堵《あんど》はもっと深くて大きい。

このあとの章で、もっと集中的なエクササイズを説明しよう。

10

ファイナンシャル・セラピー

そう遠くない昔、脳は静的な器官で、いったんできあがったら変わらないものだと考えられていた。レンガ造りの建物のように、電気の配線と水道管工事が終了すれば、後はずっとそのまま、というわけだ。

だが最近、研究者たちは新しい脳画像撮影方法や技術などを使って、脳が実際には驚くほど柔軟であること（神経科学者たちは可塑性《かそせい》と呼ぶ）、脳にはつくり変えたり再建したりする能力が備わっていることを明らかにしている。

この新しい研究成果は、生涯を通じた学習や変化、それに感情的な成長の面でどんなことが可能かについての古い思いこみを吹きとばしてしまった。

たとえば、成人後は脳細胞は変わらないという説を聞いたことがあるかもしれない。だが最新の研究によれば、現実はもっと複雑だ。ピカワー学習・記憶研究所の研究者たちは最近、わたしたちが理性の脳と呼んでいる特定領域の脳細胞、つまりニューロンは実際に再生することを発見した。

この発見によって、認知と知覚にかんするまったく新しい可能性が開かれた。新しいニューロンが生まれるだけでなく、脳は新しいグループやつながりを生みだすこともできる。訓練や瞑想のように何かを繰り返して行っていると、脳はその活動で使われるニューロンどうしのあいだで新しくしっかりした回路をつくりだす一方、ほかのつながりは弱くなっていく。この能力のおかげで、**問題のある行動を学習しなおして、もっと望ましい行動に変えることができる**という大きな希望が生まれる（これについては後のほうでもっと詳しく取り上げる）。

しかし、脳には構造を変える力があるといっても、ほうっておけば脳が勝手に変化してくれるのではない。あなたの助力が必要なのだ。わたしたちは仕事を通じて、持続的な変化――脳の神経細胞の回路の組み換え――はまず過去、つまり問題の多い個人史を検討することから始まると気づいた。心理分析の父であるジークムント・フロイトは、このプロセスを考古学にたとえた。

本書の要《かなめ》は、あなたの過去という遺物や遺跡を「掘り返す」ことにある。エクササイズを実行したなら、たぶんもうマネー感覚の火種やそこから生まれたマネーのシナリオに気づいているだろう。過去がどんなふうにあなたの現在をつくっているか、そして可能性を制約しているかについても、かなり見えてきたかもしれない。そこで今度は、そのような出来事にまつわる感情や思いこみをさらに追究して、マネー・ディスオーダーを完全に退治するためのさらなるツールについて説明しよう。

■不安と向き合う

否認は成長の大きな妨げになる。脱線した経済行動を軌道に戻すには、まず自分の経済的な状況とお金にかかわる行動の結果をありのままに見つめる必要がある。お金について現実をありのままに見つめることは、とりわけ難しいかもしれない。お金について考えるのは恥ずかしいと思う人たちが多いからだ。否認していれば恥辱や不安を感じずにすむから、ストレスが極端に大きい場合にはそれが適切な行動になる。

しかし、正直に自分や他者の経済的現実を見つめることをいつも避けていると、そもそものストレスの原因である破壊的で自己制約的な行動を変える方向に踏みだすことができない。皮肉なことに、不安や恐怖にたいする最も効果的な治療法は、コントロールできる環境で恐れていることに自らをさらすことだ。避けていると不安がますますつのり、自分でつくった限界を乗り越えられなくなる。

実際、**恐怖を引き起こす刺激と正面から向かい合わない限り、恐怖を克服することは決してできない。**恐れていることが何であれ、それと取り組む能力が自分にはあると気づけば――多くの場合、ここがじつはいちばん難しいステップだが――問題は解決不能ではないとわかって、不安は減少する。

■引き金を特定する

ところで、お金にかんする破壊的な行動にはパターンがある。そしてこのパターンどおりの行動をしてしまうきっかけ、つまり「引き金」が存在する。

空腹、怒りや寂しさなどの感情、疲れ、それに不安などが引き金になりやすい。ほかにも状況やつきあう相手など、個人にはいろいろな引き金がある。

この引き金を知っていると、引き金になる状況を避けたり、克服することができる。

次に紹介する作業で、自分の引き金が何かをつきとめよう。

1. 白紙の真ん中に、直径五センチくらいの円を描く。
2. そのまわりに、直径十センチくらいの円を描く。
3. さらにそのまわりに、直径十五センチくらいの円を描く。できあがったものは弓やダーツの的のように見えるはず。

4．いちばん小さい円のなかに、自分のためにならない自己破壊的な経済行為をリストアップする。たとえば「支出計画をたてても守れない」「衝動買いをする」「お金を使ったことをパートナーに秘密にしている」

5．次の円のなかに、4の行動の直前に出会った人や場所、物事、信念、姿勢、行動、状況、感情などを記す。たとえば「メアリと買い物に行くとき」「クレジットカード会社にその月の支払い分を振りこんだ直後」「買いたい品物を反対されたり、批判されたとき」「パートナーに大事にされていないと感じたとき」「孫娘のことを考えたとき」「疲れたとき」「パートナーと喧嘩したとき」「自信がなくなったとき」など。**これが、あなたの引き金だ。**

6．いちばん外側の円に、引き金を避けるのに役立つか、それが無理なら引き金の衝動に抵抗するのに役立つ（あるいは役立ちそうな）人や場所、物事、信念、姿勢、行動、状況、感情などを記す。たとえば、「メアリと会うときは買い物をしない」「買い物に行く前にスーザンに電話して、何を買う予定かを知らせ、戻ったら何を買ったかを知らせる」「パートナーに、一緒にコミュニケーション・スキルのトレーニングを受けに行こうと誘う」など。

■感情に気づき、身体に戻る

「身体に戻るって？　わたしはいつだって身体と一緒だよ！　それに、どうして自分の感情に『気づく』必要がある？　自分が何を感じているかくらい、よくわかっているさ！」そう思われるかもしれない。

ところが、わたしたちは自分が何を感じているかを知っていると「考えている」が、じつはわかっていないことも多い。怒りだと考えていたのがじつは恐怖だったり、うつだと思っていたのがほんとうは怒りだったりする。

動物の脳が主として感情を扱い、理性の脳はそこにレッテルを貼って、論理と「理由」をあてはめる、ということを思い出してほしい。**理性の脳の解釈は、必ずしも正確ではない。**

理性の脳は言葉を重視する傾向があるが、動物の脳は身体的な感覚を通してコミュニケーションしている。だから**身体と波長を合わせて、動物の脳が何を言おうとしているのかを「読みとる」ことがとても重要になる。**次のテクニックは、実際に何が起こっているのかに注目して、想定された感情ではなく、ほんとうの感情に対処するのに役立つはずだ。

腹式呼吸　身体と脳にはフィードバック・システムがあるので、気持ちを鎮めるいちばん手っ取り早い方法は呼吸に注目し、落ち着いた呼吸をすることだ。ストレスがあったり、心配だったり、不安だったりすると、呼吸は浅くなる。浅い呼吸――胸式呼吸という――では肺に充分な酸素が送られず、明晰《めいせき》な思考が妨げられる。ストレスのない自然な状態だと、わたしたちは腹式呼吸をしている。眠っている赤ちゃんの呼吸を観察したことがあるなら、胸よりもおなかのほうが大きく動いているのをご存じだろう。わたしたちがまねたいのは、この赤ちゃんの呼吸だ。

ストレスがあったり興奮しているときには、思考や衝動から行動に移るまでのあいだに五回から十回、深い腹式呼吸をしてみよう。こうすると理性の脳がオンラインに復帰するのにとても効果があり、自分の感情に気づいて、あとで後悔するようなことをしないですむ。どんな「衝動」でも一分たつと最高で五〇パーセントくらい強度が下がるという研究がある。衝動が起こっても、落ち着いて深く呼吸し、衝動が薄れるのを待てば、きっと賢明な決断ができるだろう。

音楽を聴く　神経学者のオリヴァー・サックス博士は著書『音楽嗜好症《ミュージコフィリア》：脳神経科医と音楽に憑《つ》かれた人々』のなかで、音楽を聴くことで、パーキンソン病で行動が不自由になっている人が動けるようになり、脳卒中の患者に言葉が戻り、病気や怪我で記憶を失った人たちの気持ちが穏やかになるようすを記している。またある音程、音階、リズムの音楽に気持ちを鎮める効果があるという研究もたくさんある。

わたしたちの仕事でも、クライアントに自分の感情に気づき、高ぶった感情を吐き出してもらいたいとき、音楽をよく使う。音楽は理性の脳を飛び越えて、直接に感情の中枢に届くらしい。だから音楽を聴いていると悲しくなったり興奮したりすることも珍しくないのだろう。感情やストレスが高じていると思ったら、十五分くらい休みを取って、気持ちが落ち着いて穏やかになる音楽を聴くといい。どんな音楽を選ぶかはそれぞれの好みだが、わたしたちの経験ではエンヤやヤニーの音楽、子守唄、それに自然界のサウンドの録音などに気持ちをリラックスさせる効果があった。

気づきの瞑想　わたしたちが行っているファイナンシャル・セラピーでは、クライアントに気づきの瞑想の実践を勧めている。身体感覚と触れ合う、そして自分が何を感じているかを知る最も効果的な方法の一つが、瞑想のテクニックを活用することだ。

瞑想すると「サルの心」が鎮まって穏やかになるので、**際限のない内心のおしゃべりから自分を引き離すことができる。**注意深く聴くと、背景でがやがやと聞こえているおしゃべりのほとんどが過去からのネガティブなメッセージで、そのために厄介な感情が起こり、その感情をおとなしくさせたいばかりにばかな経済的決断をしてしまうことが多いとわかる。

気づきの瞑想をすると身体感覚も鋭くなり、不安が和らいで、身体とのつながりや「不足のない充実」を感じられるようになる。身体とのつながりがよく感じられれば、世界における自分の存在に意識的になり、自分の感情とうまく触れ合うことができる。

さらに虚しさを感じることが減るので、経済的にもその他の方法でも、虚しさを埋めようとつまらない行動をすることも少なくなる。わたしたちの苦しみや不安、心配のほとんどは、過去のことをくよくよ考えたり、未来を恐れたりすることに起因している。瞑想はいまに生き、この瞬間を味わうことを教えてくれる。


二〇〇四年、ウィスコンシン大学マディソン校の神経科学者リチャード・デヴィッドソン博士が、仏教の僧侶たちに協力してもらって瞑想が脳の活動に及ぼす影響を調べた。僧侶たちには少なくとも一万時間、生きとし生けるものへの慈しみに集中する慈悲の瞑想を行った実績があった。比較される統制群はそれまで瞑想の経験がなく、実験の前に瞑想テクニックを教えられて、一週間実践した人たちだ。

この研究の結果は驚くべきものだった。瞑想をしている僧侶たちの脳では、ガンマ波が大幅に増加していた。ガンマ波は脳の異なる部分が協調して高度な精神活動を行っていることを示している。統制群のほうもそれなりにガンマ波の増加が見られたが、僧侶たちのレベルは、その時点では過去の脳神経学的研究では観察されたことがないほど高かった。

デヴィッドソンによれば、「このガンマ波の活動パターンは、関心の集中その他、特別の認知活動が行われているときに見られる。しかしこの実験までは、このガンマ波が観察されるのはごく短時間で、ほんの一秒足らずだった。ところが僧侶たちの場合、何分も続いた」。デヴィッドソンはその後も研究を続けているが、それによると、慈悲の瞑想は脳の構造を変化させて、利他主義や共感などの感情と関係する領域を強化するらしい。

デヴィッドソンは集中瞑想についても研究している。この瞑想では、自分の呼吸や木製の椅子の足の木目など、何かに強く関心を集中する。この瞑想のベテランと初心者の関心や記憶を検査して比較したところ、どちらも瞑想のあとには向上していた。しかし瞑想経験が長くて集中力がある人々ほど、向上の度合いが大きく、ｆＭＲＩで観察すると、脳の構造がより効果的に機能していることがわかった。

デヴィッドソンがいちばん注目しているのは幸福感で、彼はこれを「ある状態、気質、スキル」と定義している。瞑想は幸福を感じるように脳を組み替えるのではないか（その幸福感はお金の追求では得られない）とデヴィッドソンは考えている。

気づきの瞑想には特別の衣服も道具もいらない。一人で落ち着いていられる時間と場所があればいい。最初はタイマーを五分に設定しておこう。目を閉じて、自分の心のなかを通り過ぎるものを観察する。最初はたぶん、いろいろな考えや不安が渦巻いているだろう。それを押しのけたり、シャットアウトしたりしないこと。他人事のように、静かに観察していればいい。「ああ、こんな考えがある」と思い、そのあとはほうっておいて、呼吸に関心を戻す。だんだん上手に気づくことができるようになると、呼吸も変化してくるだろう。呼吸が速すぎるなら、気づきによって呼吸はゆっくりになる。タイマーが鳴るまで続けよう。

できれば一日に一回瞑想を行い、だんだん時間を長くしていくといい。この種の気づきの瞑想についてもっと学び、暮らしに取り入れたければ、ティク・ナット・ハンやジャック・コーンフィールド、ジョン・カバットジンなどの本がお勧めだ。また、黙想的な祈りが合っている人もいるだろう。ヨガ、太極拳、自己催眠などの方法が「心を鎮める」効果があるという人たちもいる。

未解決の問題が解決されるとエネルギーが放出され、のびのびと考えられる精神的、感情的な場ができる。出来事そのものは過去だとしても、**出来事の記憶はわたしたちが新たに洞察し、理解するたびに変化する。**それを機会に、自分はどんな感情で人生を生きているか、ほんとうに望むのはどんな生き方かをもっと明確にできるはずだ。

次のエクササイズは、マネーのシナリオにかんする情報を集めて、自分のシナリオを書き換えるのに役立つだろう。

■ 経済的家系図をつくる

家系図によって自分の出自を知ることができるように、経済的家系図は自分のマネー感覚がどこからやってきたかを知る手がかりになる。

1. 母親か母親がわりの人物を思い浮かべよう。そしてその人物のお金にかんする行動を表現する言葉を三つか四つ、書きだしてみる。たとえば、気前がいい、衝動的、ケチ、というように。

次に、その人がお金についてよく言っていた言葉を三つくらい思い出して書きだす。「どんな贅沢だってさせてあげる」「たかがお金じゃないの」「小銭を大事にすると、自然にお金は貯まるものよ」

さらに、その人の生き方から見えてくるお金にかんする信念を書いてみよう。それは当人の言葉とちがっているかもしれない。それから自分が書いた言葉と、当人の背景や育ちについていまならわかることを考え合わせて、行動と言葉から浮かびあがる彼女のマネーのシナリオを検討してみよう。たとえば、「お金は愛情を表し、人をコントロールするために使える」「お金よりも楽しく生きるほうが大事」「お金は安全、安心を意味するから、これ以上に重要なものはない」など。

2. 父親か父親がわりの人物についても、同じことをしてみる。

3. 二人が完全にオープンで正直だったら、お金についてどんな言葉を交わしたかを想像する。その内容を書きとめよう。次に、二人が実際に交わしていた言葉を思い出して書いてみる。

4. 二人があなたやほかの家族に言っていたお金にかんする言葉を思い出して書きだす。

5. あなたが育つなかで、祖父母や兄弟、隣人、職場の上司、家族ぐるみの親しい友人など、その存在や行動が家族に影響を与えていたほかのおとなについて、同じことをしてみる。

6. ここまでに書いた言葉を見返して、自分にあてはまると思う言葉やフレーズを○で囲む。なかでも、自分を表現するのに使ったり、誰かに話したりした記憶がある言葉には、＊印をつけておく。

7. ほかの人があなたを表現するのに使った言葉やフレーズを四角で囲む。本気でフィードバックを得たいと思えば、このリストをパートナーや親友に読んでもらい、あなたの家族のお金にかんするメッセージのうち、あなたが受け継いでいると思われるものを○で囲んでもらう。

わたしたちはこれをアップルツリーと呼んでいるが、それは自分がいま抱いている考えや信念の驚くほど多くが、家系図（ファミリーツリー）からそう遠くないところに落ちた「アップル」だと気づかされる人がたくさんいるからだ。たとえば、わたしたち自身もそうだった。

父はよくこんな言葉でスピーチを始める。「わたしのメッセージは苦労した実体験にもとづいている」わたしが一緒にいるときは、わたしはこう続ける。「そしてわたしのメッセージは父が苦労した実体験にもとづいているんです」

ブラッド

自分が成人してからの経済的行動を父のせいにすることはできないが、しかし父の体験がわたしに大きく影響していたことはまちがいない。それに気づいたのは、ある日の午後、ワークショップのときに父が正直に自分と仕事の関係について語るのを聞いていたときだった。父が「わたしは自分の父親と比較して、いつも自分が怠け者だと感じていた」と言うのを聞いて、わたしはぽかんと口を開けてしまった。妻がわたしのわき腹をつついてささやいた。「あなたも同じことを言っているわね！」わたしの人生につきまとっていた、とにかく忙しくしていたい、生産的でありたいという強迫観念、落ち着きのない不安感、そして誰かに怠け者と言われないかという恐怖。そのどれもが、じつは自分自身のものではないとその瞬間、気づいたのだった！

わたしは何世代も続いていた家族の物語を忠実に演じていたのだ。そこに気づいたおかげで、わたしと仕事の関係はずっと健全なものになった。いまは、「おまえは怠け者だ」というささやきが聞こえるとき、その言葉に耳を傾けるかどうかを自分で決めることができる。それが誰の声なのかを知っている。自分の声ではないのだ。それは世代を通じて伝えられてきた「ギフト」であって、決してなくならない。わたしはそこに気づいたから、手放すことができた。その声がどこから来ているのかを理解できたおかげで、わたしはもっと正確で、もっと自分の目的や価値観にあったモノローグと換えることができたのだ。

■自分のマネーの物語を理解する

いままでさまざまな人の例を紹介したが、それらをお読みになって自分自身のマネーの物語についていろいろお考えになったことと思う。そこですべてを整理して、自分の物語を書いてみよう。このエクササイズはいままでのものとはちょっとちがい、自分のお金にかんする個人史をしっかりと把握することが目的だ。自分史が完全で総合的であればあるほど、自分の経済生活を意識的にコントロールすることができるだろう。

手始めに、少なくとも二十分か三十分はじゃまが入らない時間を見つけてほしい。ペンと紙を手に、明るい気持ちのよい場所を見つけて始めよう。

1. 紙の中央部に左はしから右はしまでまっすぐな線「ライフライン」を引く。いちばん左側が誕生で、右端がいまの年齢だ。左端から始めて、お金にかんする最初の記憶を思い出そう。どんなふうにお金が使われたか、お金の存在や意味に気づいたのはいつだったのか。それが前向きの楽しい経験なら、それを表すマークをラインよりも上に描く（笑顔を表す顔文字でもいい）。否定的なつらい記憶なら、それを表すマークをラインより下に描こう。

楽しさやつらさが大きいほど、ラインから離れたところにマークを描くことにする。中立的な経験だったら、マークはライン上になる。このようにして、最も記憶に残るお金の体験（マネー感覚の火種）を、思いだせる限りたくさん記入する。

このお金の体験は、外から見たらたいした意味がないものでもかまわない。大事なのはただひとつ、それがそのときの自分に影響を及ぼしたことだ。貧しさとか豊かさの体験は非常に主観的で相対的なものだということを覚えておこう。自分は大きな影響を受けても、客観的にはたいした出来事ではないからと無視したりしないほうがいい。つらさや幸せの原因になったのなら、たいした出来事なのだ。心に浮かびあがってくる出来事をできるだけたくさん明らかにして、記録することがたいせつなのである。

2．ラインの現在まで書きこんだら、それぞれの出来事を振り返り、そのときに自分が感じたことをマークのそばに手短に記しておく。たとえば、怒り、苛立ち、悲しみ、きまり悪さ、幸せ、興奮、楽しさ、恥ずかしさ、傷つき、悩み、混乱、怯え、というように。自分の気持ちが思い出せなかったら、同じ年齢の誰かが同じような体験をしたらどう感じるだろう、と想像しよう。あるいは、信頼できる友人やアドバイザーに助言を求めてもいい。

3．ライフラインができあがったら、全体を振り返ってみて、いままでの人生でお金について得た教訓を一、二文でまとめる。ここでは時間的な順序がたいせつだ。時系列で見ると、自分がどんな想定を積み重ねてきたか、その過程でどんなシナリオができていったかがよく理解できる。子どもはいろいろなことを極端に受けとめる傾向があるということを忘れないようにしよう。

4. 次の文章を完成させよう。「結局、いままでの経験から得たお金についての教訓は……」

行きづまったときには人に手伝ってもらいながら、このエクササイズを完成すれば、自分がどんなマネー感覚をもっているのか、その考え方はどんなふうに生まれて展開してきたのかがはっきりと見えてくると思う。こうして自分史を振り返っておくと、自分のお金にかかわる行動、とくに葛藤にはそれなりの理由があって、全体として理にかなったものであることがわかるはずだ。そして自分が生きている物語を知ることは、新しい物語を創るための第一歩なのである。

■過去の裏切りに対処する

マネー感覚の火種には、裏切られたという気持ちがつきまとっていることが多い。だから**よくあるマネーのシナリオのなかでも、「お金については、人は信用できない」というのはとて**

も多い。マネーのシナリオはすべてそうだが、この思いこみもそのときその場では適切だっただろう。裏切られた体験を合理化し、説明してくれたからだ。だがこのシナリオを書き換えたいと思うなら、いまでも残っている恨みや後悔の手放し方を学ぶことがとても重要になる。

経済的な裏切りにあったと感じたときのことを思い出そう。何かを約束されたのに、実現しなかったかもしれない。誰かがあなたに嘘をついたり、隠し事をしていたかもしれない。誰かがあなたの気前の良さや人の良さにつけこんだり、価値の高いものを盗んだかもしれない。そんな経験をしたら、利用された、辱められた、腹が立つ、裏切られた、ないがしろにされた、ばかにされた、と感じただろう。いつか必ず仕返しをしてやると思ったかもしれない。「二度とこんな目にあうものか」と自分に言い聞かせたかもしれない。

何があったのかを書いてみよう。どう感じたかも記す。それから、その体験から得た教訓をリストアップする。当時はその教訓のおかげで事態を切り抜けられたかもしれないが、その後はたいして役に立っていないかもしれない。そういう体験が複数あったら、べつべつに書きだす。書き終わったら、それぞれの体験を比較して、共通のパターンを探してみよう。もしかしたら同じ体験を何度も繰り返しているのではないだろうか？

次に、いまの人生を振り返ってみる。同じような人を相手に、同じような状況に陥ってはいないか？　安全な信頼できる人たちとつきあっているのか、それとも不安や不信を抱き続けているだろうか？　あるいはあなたの不信感のせいで、誰かが裏切られたとかひどい目にあわされたと感じているかもしれない。もしそうなら、**あなたはどんなふうに変わればいいだろう？　自分が体験した経済的な裏切りを整理して検討し、かたをつけようとするときには、自分にたいしてでも他人にたいしてでも、共感や赦しが大きなパワーをもつことを忘れないようにしよう。**あなたが経てきた経験に照らせば、あなたのお金にかんする行動が理にかなっているのと同じで、ほかの人の行動もその人が経てきた歴史を考えれば理解できるのではないか。

■良いものは残して、悪いものは捨てよう

あなたのマネーのシナリオは、最初にできたときは適切だったはずだ。そのシナリオのおかげで、混乱した状況を秩序だてることができたし、つらい気持ちにも対応できた。状況によってはいまでも適切で役に立つ部分があるかもしれないし、あなたがもっている深い価値観と結びついているかもしれない。

だから、いくらマネーのシナリオに問題があっても、完全に捨てるのではなく、書き換えるほうがいい。オール・オア・ナッシングの対応がベストであることはあまりないものだ。白か黒かという考え方も動物の脳の癖だが、ほんとうに必要なのはさまざまな陰影の灰色なのである。

これまでのエクササイズで浮かびあがってきたマネーのシナリオを全部、書きだしてみよう。

そのなかで残したほうがいいものがあるかどうかを調べるために、それぞれのシナリオについて、次の三つの問いかけをしてほしい。

1. **このシナリオが適切なのはどんな場合か？**　シナリオが役に立つとき、場所、状況をできるだけ具体的に明らかにしよう。たとえば、シナリオの一つが「お金なんか重要ではない」というものだとする。一般的にはあまり健全とはいえないシナリオでも、良い面はある。とくに経済的に厳しい時期ならばそうだ。お金は重要ではないと信じていれば、お金とは関係のないことに幸せや満足を見出すことができるからだ。

2. **適切でないのはどんな場合か？**　これも、できるだけ具体的に。自分の呼吸や気分に気をつけよう。ここではつらいことを思い出すかもしれない。必要なら、ちょっと休憩して深呼吸や瞑想その他の方法でリラックスしよう。ここで頭が働かなくなり、行きづまったら、友人かカウンセラーに助けを求めよう。

3. **ここでわかったことを使って、もっと広やかなマネーのシナリオに書き換えるにはどうすればいいか？**　その新しいシナリオは、あらゆる経験、状況で適切な役に立つものになるはずだ。

例として「お金は重要ではない」というマネーのシナリオを検討してみよう。

この言葉が真実なのはどんな場合か？

- お金よりも家族と一緒に過ごす時間のほうが重要だ。
- お金は、自分の価値を測る尺度としては重要ではない。
- お金には、自分の信条を曲げるほどの重要性はない。

真実とはいえないのは、どんな場合か？

- 自分と家族が生きていくのに必要だから、お金は重要だ。

もっと広やかな新しいシナリオはどうなるだろう？

- **家族と過ごし、家族の面倒を見ることなど、お金よりも重要なことはある。そういう大事なことに役立てるために、お金を使うことができる。**

自分の主要なマネーのシナリオについて、このエクササイズを実行してみると、お金にかんする未来を変える重要な第一歩になるはずだ。

■スヌーズ・ボタンはもう押さない！

朝、目覚まし時計が鳴ったとき、もう少し寝ていようと思ってスヌーズ・ボタンを押すことはないだろうか？　いやなことは先送りしたくなる。だから、必要だとわかっていても、難しい変化はつい延期してしまうことが多い。「明日」にしようと思うのだが、その明日は永遠に来ない。このエクササイズにあたっては、もう明日はないと想像してほしい。

五分と時間を決めて、未解決の問題を書きだそう。やらずに後悔していることを考えよう。行きたい場所、身につけたいスキル、癒したい傷。そういうことを五分間、ノンストップで書いていく。書く内容を検閲したり、編集してはいけない。ばかなことを書いてもかまわないから、とにかく書き続ける。何も思いつかなかったら、思いつくまでは「何も思いつかない」と書けばいい。

五分たったら、書いたことを読み直す。たぶん、そこには**自分にとってほんとうに重要なこと、ほんとうに自分らしい生き方をするにはどこに時間やエネルギー、お金を注ぐべきか**について、自分の指針となる洞察が記されていて驚くのではないか。それを前に書いたシナリオに盛りこもう。たとえば、もっと旅行をすればよかったと後悔しているなら、「お金は重要ではない」を書き直したシナリオに、「感情的、知的な満足を得るため、新しい経験に向かって自分をオープンにし、世界観を広げるためにお金を使うことはたいせつだ」と付け加えたくなるかもしれない。

■新しいマネーのマントラをつくろう

さて、自分のためにならないマネーのシナリオを書き直したわけだが、どうすれば新しいシナリオを守れるだろう？　ここで、3章で説明した訓練方法の出番である。いつも簡単にとはいかないが、新しい信念や思考パターンに適応するように脳を訓練することは可能で、よく練習すればいつかは第二の天性になってくれるだろう。

マントラというのはインドの伝統のなかで生まれた言葉で、変身をうながす効果があるとされる言葉やフレーズを指す。マントラを何度も繰り返すと、心から不健全な思考を追い払って、健全な思考と入れ替えることができるという。

そこでマネーのマントラをつくることをお勧めしたい。書き換えたお金にかんする新しい健全な考え方を表すモットーだ。それから、古い考えが脳に忍びこんできたら、このマントラを繰り返す。そうしていると、古い思考を追い払うだけでなく、新しい考え方を強化することができる。たとえば、こんなふうにマネーのマントラを使って実践してみよう。

1．自分にとって経済的な問題が生じる具体的な状況を明らかにする。その状況でどんな思い

が浮かび、どんな気持ちになるのかを確認する。たとえば、

(状況)：クリスと一緒に友人のトレイシーとパットを訪問すると、必ずわたしたちには高価すぎるクラブやレストランに行こうと誘われる。

(マネーのシナリオ)：そこで、クリスとわたしには友人たちのようなお金もモノもないから、わたしたちは失敗者だ、という物語がわたしの頭のなかでできる。

(感情)：居心地の悪い、恥ずかしい思いをする。

2. 1.の感情の奥にあるマネーのシナリオに戻って、もっと健全で生産的なバージョンをいくつか探して書き直す。たとえば……

A. 成功をお金で測る必要はない。わたしたちは自分がやってきたことに自信をもっている。

B. わたしたちには夢と目標がある。それを実現するためには、分不相応な生活をしてはならない。

C. わたしたちが失敗者かどうかは、財産がどれだけあるとかないとかで測るものではなく、困ったときにお互いを支えられるかどうかでわかる。

3. 自分の現状やいまの価値観、目標にもとづいた、適切なマネーのシナリオをつくろう。**た**

いせつなのは、このシナリオが元のマネーのシナリオの否定形ではなく、もっと前向きなものであることだ。ネガティブなことに注目していると、ますますネガティブの罠に落ちこむ。

例：わたしたちはお互いと、そしていずれはもちたいと思う子どもたちと一緒に時間を過ごせるキャリアを選んだ。そのほうがお金よりも大事だから。

4. 新しいマネーのシナリオの基盤にある価値観を明確にしよう。これが、あなたのマントラになる。

例：愛し合い支え合うことや、心強く頼もしい家庭、筋のとおったお金の使い方のほうが、お金を貯めたり所有物を増やすよりも大事だ。

お金についての自分のマントラができたら、このマントラを使って以前の無意識のマネーのシナリオに対抗できる。

マントラをカードに書いて、持ち歩こう。以前のマネーのシナリオの引き金になるような思考や感情や状況にぶつかったら、カードを取り出して、マントラを繰り返す。そうすれば、以前のシナリオどおりの感情や行動が自動的に起こるのを防げる。

さらに自分の価値観に合ったもっと健全な新しい行動は何なのかもわかるだろう。たとえば

「トレイシーとパットにレストランを選ばせるのではなく、うちで夕食をとろうと招待するか、わたしたちの予算にあった店を提案しよう」というように。

マントラは、もっと健全な選択肢があることを思い出させてくれる強力なツールなのだ。

■経済的に健全なカップルと家族

幸いなことにわたしたちは、一緒に問題に取り組んだ人たちが嬉しい変化をとげるのを見てきた。なかでもカップルの人間関係の面で目覚ましい変化が起こっている。お金をめぐる恐怖や不安、感情的なお荷物がなくなり、人間関係の緊張や葛藤の大きな原因が消えて、エネルギーが解放され、ほかの問題に取り組むことが可能になるのだ。

モリー

自分とお金との関係を明らかにするプロセスで、わたしがいちばんびっくりしたのは、**お金のことで感情的にならなくてもいいのだとわかった**ことです。刷りこまれたトラウマを消して、シナリオを書き換えたので、ただのお金の問題だと考えることができるようになりました。いまは自信をもって夫と一緒にお金について話し合い、決断し、将来の計画をたてられると感じています。オズの魔法使いのカーテンの裏をのぞいたようなものですね。自分の恐怖の舞台裏をはっきり見たら、そんなに怖いものじゃなかったんです。

あなたが必要なもの、ほしいものをすべて買ってやれるようなお金はないと両親に言われ続けて育ったレスリーにとって、最も強烈なマネー感覚の火種は、銀行預金を全部父親に引き出され、もともとおれの金だと言われた体験だった。これは明らかにレスリーと夫との関係にも影響し、彼女は夫を信じきれず、夫婦のあいだに溝ができていた。

レスリー

いまでは、お金についても夫を信頼しています。ちょうどいま、わたしたち夫婦は興味深い状況にあるんです。不景気のせいで夫の給料が下がり、夫は「うちには充分な金がない」と言うようになりました。これは子どものころに聞かされたメッセージとよく似ていると感じます。夫を信頼できることは知っていますが、でも昔のメッセージも消えたわけではありません。大きなちがいは、わたしはそのメッセージに動かされなくてもいいし、そのことを隠さなくてもいい、ということです。いまならそれを言葉に出して夫に伝えられます。前にはできなかったのですが。

夫がお金について責任感のある人で、わたしたちにとっていちばん良いことは何かをいつも考えていることがわかりました。それがわかったのは、ファイナンシャル・プランナーに相談して、自分たちの経済状態をはっきりと把握できたからです。夫もアドバイザーも信頼できて、ほんとうにありがたいと思っています。

わたしたちはパートナーの双方を相手にすることもあるが、一方だけが助けを求めてくることのほうが多い。たいていは「問題」を抱え、お金にからむ課題がはっきりしているほうだ。助けを求めてくれるのは良いのだが、しかしそれは第一歩に過ぎない。その人のマネー・ディスオーダー的な行動が人間関係を損なっているときには、二人で取り組む必要がある。なぜなら、「問題」のあるパートナーが変化すると、人間関係のバランスが劇的に変わるからだ。「問題」のあるパートナーが経済的な面を変えようと努力し始めると、もう一方が抵抗しだすことはよくある。

カップルにはあるシステムができあがっている。一方がちがうことをしたがって「ルールを変えよう」とすると、もう一方は、たとえ良い変化だとわかっていても妨害しがちだ。

これは自然だし、予測できることでもある。だがカップルがもともとの問題とうまく取り組むことができれば、その結果として前向きの変化が起こり、その変化に促されてもう一方のパートナーも変わろうと思うことが多い。

■マネーのシナリオを書き換え、脳を組み替える

何十年か前に、神経学者のエリック・カンデル教授が細胞レベルで脳はどんなふうに学習するかを研究した。カンデルは学習が行われる場所は脳の細胞そのものではなく、細胞同士のつながりであるシナプスだということを最初に発見した人物である。

彼は初期の研究で、短期記憶は既存のシナプスの強化によって起こるが、長期記憶には新しいシナプスがつくられる、つまり脳に新たな回路ができる必要があることを発見した。これは、わたしたちの学習能力がそれまでに考えられていたよりもはるかに広範であり、長期にわたることを意味している。歳をとったイヌにも新しい芸を教えることができるのだ。

だからこそ、わたしたちは意識的にマネーのシナリオを書き換えて、それをマントラにして何度も繰り返すというようなエクササイズを強調してきた。**繰り返すことによって、脳の生理的構造が実際に変化する可能性があるからだ。**新しい情報は新しい回路をつくり、繰り返すことでその回路が強化される。ちょうど野原や芝生を何度も通ると、そこに道ができるように。

この新しい回路はだんだん強力かつ支配的になり、以前のマネーのシナリオがつくった古い回路は薄れていく。このおかげで、自動的な思考や習慣的な行動を変えて望む人生をつくりあげることが可能になる。

この変化には時間がかかるから、途中で古い習慣に後戻りすることもあると覚えておこう。それがふつうなのだから、失敗したと考えたり、あきらめる口実にしてはいけない。それよりも、何がきっかけで後退が起こるのかを明らかにして、将来同じような状況にぶつかったときにちがう行動をとるための方法を考えよう。

さて、マネーのシナリオを書き換え、脳を組み替える具体的なツールについて説明してきたから、今度はよりよい経済生活に向かう旅の支えを見つける方法についてお話ししよう。

11 お金にかかわる暮らし方を変える

ここまでの章で、問題のあるマネーのシナリオを明らかにして、そのシナリオをもっといいものに書き換え、お金にかんする歪んだ行動を少しずつ変えていくのに役立つツールについて話してきた。

おめでとう！　これで、健全なお金とのつきあい方を身につけられるだろう。しかし、旅はまだ始まったばかりだ。そこで、日々の努力を支え、励ましてくれる、いくつかの原則をはっきりさせておこう。

■大きな視野で見る

大勢の人が、もっとお金があれば幸せになれるというまちがった信念にしがみついている。

だが物質的な利益のために人間関係を犠牲にしている人たちは、じつはもっと不幸なのだ。

お金のことが深刻なストレスになっているとしたら、自分が住む地域の不動産価格や自分が携わる産業の失業率などのデータに関心をもち、自分の悩みが自分だけの問題ではないことを知ろう。

だが、悪い経済ニュースにばかり目を向けないほうがいい。全国的な小売業の販売高がどれくらい落ちこみそうか、どの投資銀行が破綻しそうかといったことは知っていたほうがいいが、気にしすぎてはいけない。あなたは経済をコントロールすることも、悪いニュースを打ち消すこともできない。あなたが決められるのは、**自分がそうしたことにどう対応するか、**なのだ。

●人間関係に投資する

人間は社会的な動物で、幸福かどうかは、家族や友たちとの人間関係の質に左右される部分が大きい——**人間関係のほうがお金よりずっと重要なのだ。**だからこそ、時間とエネルギーを人間関係に投資することがたいせつなのである。

ストレスが大きいときには一人で閉じこもりたくなるが、それはやめたほうがいい。一人の時間もあっていいが、**自由になる時間のすべてを一人で過ごしてはいけない。**人は孤独だと落ちこみやすいからだ。

毎日、あなたを支え、気遣ってくれる人たちとつきあうこと。友達とランチをしよう。家族と一緒に行動したり、コミュニティ活動に参加しよう。

●現在に目を向ける

過去をくよくよ考え、未来を心配するのを、いったんやめよう。いまこの瞬間に生きる努力をしよう。いましていることに没頭する。そう、たったいま実行しよう。深く息を吸い、止めて、それから吐きだす。ときの流れに上手に乗れば、自意識を忘れて、目的達成のためにエネルギーと才能を集中できる。過去や未来を思い悩むよりも、目の前の活動に積極的にのめりこんでいるときのほうが、わたしたちはずっと幸せなのだ。

●運動を続ける

定期的なエクササイズは、手っ取り早く気分を明るくし、頭をすっきりさせ、問題と取り組むエネルギーをかきたてる方法の一つだ。べつにマラソン・ランナーになる必要はない。研究によれば、**一度に二十分から三十分歩くだけで、うつうつとした気分の解消を含め、いろいろな面で、もっと激しい運動をしたときと同じくらいの効果が得られるという。**ウォーキングを日常に取り入れよう。たいせつな人や友だちと歩くといい。新しい習慣は誰かと一緒のほうが身につきやすい。

●テレビを消す

不幸な人たちは幸福な人たちよりも長時間テレビを見ている。それに肉体的、感情的な問題も生じやすい。何時間もテレビを見るかわりに、以前楽しんだ趣味を復活させたり、新しい趣味を探そう。研究によれば、スクラップブック作りや木工細工、カード遊びなどをすると気分がよくなるが、それと同じ時間テレビを見続けたあとはいやな気分になるという。

●困った人を助ける

目的に賛同できるボランティア活動に参加したりコミュニティ・サービスに時間を割くなどの社会的な奉仕活動も、気持ちが明るくなり元気になる効果がある。自分がもっているものに感謝する気持ちが起こるし、経済的な快適ゾーンが広がって、人間がもっている群集本能のいちばん良い面を享受できるだろう。

精神科医であり、脳画像撮影法の専門家で、ベストセラーの著者でもあるダニエル・G・エイメンの研究で、**親切な行いをすると血流と脳の活動が改善されることが明らかになった。**興味深いことに、自分が感謝すべきことについて考えるだけでも、同じ前向きの変化が起こるという。それが次の項目につながる。

●自分が恵まれていると思うことを数えあげる

自分の人生の恵まれている面について考えた人は幸福感を感じ、ネガティブな面に目を向けた人は人生への満足感が低下したという。**毎日、少し時間をとって、自分が恵まれていると思**

うことを三つ考え、口先だけではなくて心から嬉しい、ありがたいと思おう。このような思いや感謝は伝染する。毎日少なくとも一つはパートナーの良い面を見つけて、当人に伝えよう。

●前向きな姿勢を維持する

結局のところ、ストレスが精神的、肉体的健康にどれほどの影響を及ぼすかは、わたしたち自身の姿勢で決まる。変えられないことは受け入れ、自分がコントロールできる条件を改善することに集中する人たちのほうが、自分では状況をどうしようもないと信じて、どうせ良いことは起こりっこないと考えている人たちよりも、ずっとうまくいくものだ。

●成長する機会をたいせつにする

誰でも苦しいのはいやだが、学ぶためには苦しみは不可欠である。肉体的な苦痛が熱いストーブに触ってはいけないと教えてくれるように、**感情的な苦痛は何かがうまくいっていないと警告してくれる。**忍耐と自省があれば、つらい体験も貴重な成長のチャンスになる。失ったことを悲しみ、自分の過ちを明らかにして、自分を赦そう。それから、それをチャンスとして知識を積み重ね、人間関係を改善し、目標にあった価値観にもとづいて行動しよう。

●助けを求めよう

専門家の助けが必要だというサインに気づこう。それまでは楽しかった活動に興味をもてなくなったとか、眠れない、仕事に集中できない、不安や苛立ちがますます強くなる、絶望感や自信喪失、疲労感にさいなまれるという場合には、メンタルヘルスの専門家の助けを求めよう。

わたしたちの社会にはマネー・ディスオーダーの歪んだ行動が広がっているが、心理学の分野はこの現実に追いついていない。そのため、マネー・ディスオーダーを重要な疾患として明らかにする試みはあまり行われていない。

それでも心理学の分野には、不安その他、人生を損なう感情を克服するのに役立つツールがある。また最近の経済危機で、このようなツールを経済的なストレスやトラウマに応用するメンタルヘルスの専門家も徐々に増えている。

■自分のボックスを壊す

あなたが変わりたいと思う方向へ向かって行動を起こすのに役立つエクササイズをもう一つだけ、紹介しよう。

あなたの信念がいまのあなたの状況をつくっている。信念によって生まれたあなたのリアリティのありようが、あなたの可能性を制約し、限定している。以前にどんな経験をしていたとしても、あなたのリアリティのありよう——世界はどう動き、どう動かないか、自分には何ができて、何ができないか、自分はどんな人間で、どんな人間ではないか——は、あなた自身がでっちあげたものにすぎない。世の中はどうなっているのかという、まだ子どもっぽい理解にもとづき、以前の環境のなかであなたが生き抜くためにつくったものだ。

だが、わたしたちは無限の可能性がある宇宙に生きている。わたしたちのメンタル・ボックス――苦しい状況で学びとったがゆえに、絶対確かだと思いこんでいる多くの事柄――は、自分でも気づかないうちに刑務所のようになってしまうことがある。**いまの自分で幸せでないなら、このボックスを壊さなくてはいけない。**それにはまず、そのボックスがあることに気づかなくてはならないが、これがなかなか容易ではない。

有名なマルセル・マルソーの演技を考えてみよう。有名なパントマイム芸術家のマルソーは動きだけで、ありもしないボックスの壁をつくりだしてみせる。観客にはボックスなどないことがわかっているが、マルソーの動きや仕草を見ていると障壁がリアルに感じられる。

同じように、わたしたちのメンタル・ボックスは現実であると同時に想像上のものだ。ボックスはわたしたちの信念を決めていて、その信念がわたしたちの不安や正当化、行動や無為を形づくっているからこそ、わたしたちにとっては現実なのだ。

だが、ボックスが想像上のものでもあることが、わたしたちにはわからなくなっている。**ボックスはわたしたちの心がつくりだしたものだ**ということを忘れているのだ。マルソーが見えないボックスの壁にぶつかって進めない、壁がリアルにそこにあって出られないと言っているのと同じだ。

だがボックスの正体がわかれば、想像上の壁が消えて自由になり、わたしたちには広大な可能性が待っていること、あらゆるチャンスが開かれていることがわかる。

そこで、ボックスを壊して、新しい現実をつくりだすためのエクササイズを説明しよう。このエクササイズは終わりがなくて、いつも進行形だが、必要ならいつでもどのステップにでも戻ることができる。

1. **現状を打破する思い切った目標を描こう。**自分にはとても達成できないと思っているかもしれないことがいい。たとえば借金をゼロにするとか、ハワイ旅行の資金を貯める、新しいビジネスを起こす、早期にリタイアするというようなことだ。その目標を紙に書いて、実現したらどんな気持ちがするかも文章にして記しておく。

2. **自分が現状に閉じこめられているのは、どんな信念のせいかをはっきりさせる。**いまの信念がどこかにつながるものだったら、とっくにそれが実現しているはずだ。**どうして、あなたは望むものを手に入れられないのだろう？** 目標達成を困難に、あるいは不可能にしているのは何なのか？ 何がじゃまをしているのだろう？ 何が、目標は達成できっこない、自分にはだめだ、と思わせているのだろう？

3. **「もし、だったら」という世界に入ってみよう。**障害を取り除こうと本気になるとしたら、何をすべきだろう？　何を知る必要があるだろう？　自分はどんな人間だと思えばいいのか？　あなたが望む目標をすでに達成している人たちを見つけて、その人たちが何をしたのかを分析しよう。その人たちは何を信じているのか？　どんな行動をしているか？　どんな本を読んでいるのか？　目標達成の望みはないという気になったら、その人たちがいまの自分の状況なら何をしたかを想像してみよう。

あなたはＷＷＪＤと書かれたシャツやゴムのブレスレット、看板を見たことがあるかもしれない。ＷＷＪＤとは「イエスならどうするだろう（What Would Jesus Do?）」という意味だ。クリスチャンの多くはＷＷＪＤという文字を見ると、自分の考え方の枠組みを変えて、イエスならいまの状況で何をし、何を言い、どんな人になるかと考え直す。これは自分のボックスから出て、人間関係や世界で新しい現実をつくろうという合図なのだ。

自分に聞いてみよう。（あなたがすばらしいと思う経済生活をしている人を想定して）**「あの人ならどうするだろう？」**と。

4. **いますぐに、本気で新しい現実をつくろう。**どうすればいいかわからないなら、わかるまでは、わかっているふりをしよう。これは非常に有効な戦略だ。自分がなにをすべきかわかっているつもりになり、いますぐに新しい現実を生きるのだ。待っていてはいけない。

ポジションを決めて、そこに立ち、あとはだんだんに学んでいく。古い習慣はなかなか消えないから、くじけそうになったら、「最初の考えはまちがっている」と思うことにしよう。自分の可能性を制約し、自分をばかにするような古い否定的な言葉や信念、思考が浮かんだら、「これはまちがっている」と宣言しよう。それから、もっと自分の価値観に沿った役に立つ信念を明確にしよう。

あとがき

リーマンショック後、世界中の人たちがお金について心配するようになった。だが、金融のメルトダウンには明るい面もある。すべての人が——個人としても社会としても——お金との関係を真剣に考えるようになったことだ。

そこで、わたしたちは仕事で協力しているファイナンシャル・プランナーたちに、金融危機がクライアントの姿勢や行動に良い影響を及ぼしたと感じているかどうかを尋ねてみた。

ヴァネッサ

厳しい経済情勢が続いていますが、わたしはある意味では、友人や同僚、クライアントと習慣を変えることについて話し合うチャンスができたことに感謝すべきだと思っています。以前はわたしがいる世界の人たちの多くは、浪費癖や買い物中毒に取りつかれていました。でもいまでは、自分の価値観にあったお金の使い方を考えるようになっています。これは危機がもたらしたチャンスなんです。

メディアの受け手としては絶対に慎重でなければいけません。どうしてニュースやテレビ番組、ブログなどを見たり、読んだり、聞いたりするのか、またその結果として何が得られるのかを考えてみたほうがいいですよ、とみんなに勧めています。**不安が増大するだけで、実用的な方向性が見えてこないなら、そんな情報を取り入れるのはやめたほうがいいんじゃないでしょうか。**参考になる現実的な情報だけ、取り入れればいいんです。

個人的にはどう対応しているかというと、人間としてもっと成長することをたいせつにしています。心を豊かにする本を読み、ヨガに励み、気持ちが通じる友だちとつきあうように心がけているんです。テレビを見るのは二年前にやめましたし、もう新聞も読んでいません。ラジオのニュースも害にならない程度に少しだけ聞きます。

将来については、きっといまより良くなると希望をもっています。もっと悪くなるなんて想像できません。でも、そういうことはあまり考えませんね。それよりも、個人的な目標という方向から考えるんです。五年後、十年後、十五年後には自分はどうなっているだろうか、と。クライアントについても同じです。もちろんクライアントの資産と投資リターンの動向にもとづいてプランをたて、できるだけ多様性のあるポートフォリオを作成します。あとは、今後五年から二十年くらいは、今回のような標準偏差の三倍を超える相場の変動がないことを願うだけですね。でも、何が起こり、何が起こらないかを確実に予測することなどできません。

ラッセル 誰でも変化が起こるといいなと言うものです。実際に自分のふるまいや行動、姿勢を変えなければならないときがくるまでは、ですが。そこが厄介なんですよね。

信用や金融、それに経済の危機が教えているのは、いまのやり方は持続可能ではない、ということです。経済の視点から見ても、グローバルに見ても、環境という面から見ても、エネルギーの面から見ても、それに人的資源から見ても、持続可能ではないんです。すべてのバランスが崩れていて、わたしたちは再生不能のリソースを使って暮らしています。

わたしはすべてを持続可能かどうかというフィルターにかけて見るようにしています。ある考え方や製品が持続可能ならば、望みがあります。そうでなければ、あまり望みはありません。それがわたしのメッセージです。そして、いまこのメッセージにはとても大きな希望と可能性があると思うんです。人々がそれぞれ持続可能な自分の身丈にあった生き方を目指せば、きっとよくなります。

それでは、いまの危機をどう乗り切ればいいか。たいていは、**人々は自分のなかにすでに答えをもっています。**不確実なときも不安なときも心配なときもすでに経験しているから、そういう時代を振り返って、同じように対応すればいいんじゃないですか。

ワークショップでは、ほかの人たちが金融危機の時代や個人的に苦境に陥ったときにどんな創造的なやり方で乗り越えたかを聞くことができました。これも悪いことじゃないですね。

現在の経済危機とそれに伴う不安や不確実性、喪失、苦痛は、世界にたいする警告だろう。もっとお金がほしい、もっと大きな車がほしい、自分には手の届かないマイホームがほしい、という飽くなき欲求のなかで、わたしたちはお金やモノでは得られない何かを獲得しようとして、理性を捨て、将来を担保に借金してきた。**お金やモノで得られない何かとは、人とつながっているという思い、健全な自分という感覚、帰属意識だ。**

だがグローバルな金融危機と個人的な金融危機のなかにはチャンスがある。勇気をふるって正直にお金にかかわる自分の行動を見つめ、過去を検討し、思い切ってマネーのシナリオを変えれば、経済的な生き方を変えるパワーを手に入れられる。

この本がみなさんの人生のチャンスを最大限に活用する助けになることを願うと同時に、お金との関係を見直そうというみなさんの意欲と勇気に拍手を送りたい。

最後の言葉の処方箋

変化は可能だ

ブラッド・クロンツ（Brad Klontz, Psy.D.）
テッド・クロンツ（Ted Klontz, Ph.D.）
２人はともに経済心理学のパイオニアであり、経済心理学研究所の共同設立者、クレイトン大学ハイダー・ビジネス・カレッジ　経済心理学・行動経済学の准教授である。行動経済学、金銭障害《マネー・ディスオーダー》、経済的健康《ファイナンシャル・ヘルス》にかんする問題について、『20/20』、『グッド・モーニング・アメリカ』、『トゥデイ・ショー』、『ウォール・ストリート・ジャーナル』、『ニューヨーク・タイムズ』、『ロサンゼルス・タイムズ』、『マネー』などのメディアに頻繁に引用される。

吉田利子（よしだ・としこ）
翻訳家。東京教育大学卒業。おもな訳書は、ウォルシュ『神との対話』シリーズ、シュウォーツ『心が脳を変える』（以上、サンマーク出版）、サックス『火星の人類学者』、イングス『見る』（以上、早川書房）、ヴェルナー『円の支配者』、グリフィン『マネーを生みだす怪物』、シュウォーツ『不安でたまらない人たちへ』（以上、草思社）ほか多数。

本書は、絶版となっている『お金で不幸にならない11のカルテ～「いくら稼いでもなぜか貯まらない」と思ったら読む本～』（大和書房）を一部加筆し、タイトル変更の上、復刊したものです。

マネーセンス
人生《じんせい》で一番大切《いちばんたいせつ》なことを教《おし》えてくれる、「富《とみ》」へ導《みちび》くお金《かね》のカルテ11

2023年7月21日　初版発行

著者／ブラッド・クロンツ、テッド・クロンツ
訳／吉田《よしだ》 利子《としこ》

発行者／山下 直久

発行／株式会社KADOKAWA
〒102-8177　東京都千代田区富士見2-13-3
電話　0570-002-301（ナビダイヤル）

印刷所／大日本印刷株式会社

製本所／大日本印刷株式会社

●お問い合わせ
https://www.kadokawa.co.jp/（「お問い合わせ」へお進みください）
※内容によっては、お答えできない場合があります。
※サポートは日本国内のみとさせていただきます。
※Japanese text only

定価はカバーに表示してあります。

ISBN978-4-04-606427-1　C0030